INNOVATION AND DEVELOPMENT

汽车4S店
创新发展系列

汽车4S店
全程运作与创新管理

刘 军 编

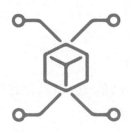

化学工业出版社

·北 京·

本书主要由组织架构管理、人力资源管理、新车销售管理、增值服务管理、市场推广管理、售后服务管理、客户关系管理、风险防范管理八个部分组成，由浅入深地介绍了汽车4S店在运作过程中的管理方法与技巧。本书图文并茂，理论联系实际，可操作性强，书中穿插大量的范本可供读者参考。

本书适合准备从事汽车4S店行业的人员阅读与学习，也可供从事汽车4S店管理的人员借鉴。

图书在版编目（CIP）数据

汽车4S店全程运作与创新管理/刘军编．—北京：化学工业出版社，2019.6
（汽车4S店创新发展系列）
ISBN 978-7-122-34216-4

Ⅰ．①汽⋯　Ⅱ．①刘⋯　Ⅲ．①汽车-专业商店-经营管理　Ⅳ．①F717.5

中国版本图书馆CIP数据核字（2019）第058288号

责任编辑：辛　田　　　　　　　　　　文字编辑：冯国庆
责任校对：王　静　　　　　　　　　　装帧设计：尹琳琳

出版发行：化学工业出版社（北京市东城区青年湖南街13号　邮政编码100011）
印　　刷：北京京华铭诚工贸有限公司
装　　订：三河市振勇印装有限公司
787mm×1092mm　1/16　印张11¾　字数260千字　2019年6月北京第1版第1次印刷

购书咨询：010-64518888　　　　　　售后服务：010-64518899
网　　址：http://www.cip.com.cn

凡购买本书，如有缺损质量问题，本社销售中心负责调换。

定　　价：48.00元　　　　　　　　　　　　　　　　　　版权所有　违者必究

前 言
PREFACE

近年来，整个汽车市场正在发生新的变化，我国汽车流通领域的实践模式也在不断进化，多年成熟运作的汽车4S店单一渠道正在被打破。随着我国汽车供需环境变化，以新渠道、新消费、新交易为主的形式正在改变传统汽车流通市场的发展。

汽车服务行业转型升级是市场发展的内在要求，也必然带来市场业态的深刻变化。特别是"互联网+"思维的渗透，让汽车4S店这个传统行业遭遇前所未有的挑战，而汽修技术信息公开及同质配件等政策出台，对汽车4S店产生的冲击则更为直接。虽然汽车市场发生了很大的变化，也受到来自于互联网的冲击，但4S店仍然是最主流的汽车销售渠道模式。当然，汽车4S店面临的竞争也会更加激烈。汽车4S店如何在异常激烈的竞争中求得生存和发展，抢占一定的市场份额，怎样积极探索、开发新的经济增长点，是每家汽车4S店经营者都不得不思考的问题。总体而言，汽车4S店的经营者，须从企业盈利能力、服务创新能力、运营管理能力、营销创新能力四个维度进行全面思考，打造核心团队，做好绩效考核、创新管理模式和营销模式，建设企业文化，控制管理成本等，这样才能不断提升核心竞争力，在日益竞争的市场中占有更多的市场份额。

基于此，我们结合汽车4S店各岗位的特点和实际工作的需要，在充分调研和现场实操的基础上，开发了"汽车4S店创新发展系列"图书，具体包括《汽车4S店活动策划实战全攻略：品牌推广+人气打造+实战案例》《汽车4S店销售顾问训练手册：提问+口才+技巧》《汽车4S店财务管理与税务审计全程通》《汽车4S店全程运作与创新管理》。

《汽车4S店全程运作与创新管理》一书主要由组织架构管理、人力资源管理、新车销售管理、增值服务管理、市场推广管理、售后服务管理、客户关系管理、风险防范管理八个部分组成，给汽车4S店活动管理提供了一种思路和借鉴。

本书由深圳市时代华商企业管理咨询有限公司策划，刘军编写，在编写过程中得到了众多汽车4S店的一线管理人员和咨询机构培训老师的帮助与支持，同时，也参阅了大量的文献资料，借出版之际，谨向相关人士表示衷心的感谢。最后全书由滕宝红审核完成。

由于笔者水平有限，疏漏之处在所难免，敬请读者谅解，并不吝赐教。书中部分资料引自互联网媒体，其中有些未能一一与原作者取得联系，请您看到本书后及时与笔者联系。

编　者

目 录
CONTENTS

第一部分
组织架构管理 /1

第一章 建立组织架构 /2
一、组织架构的概念 /2
二、组织架构设计的基本理念 /2
三、组织架构设计的程序 /2
【范本】××汽车4S店组织架构 /9

第二章 明确岗位职责 /10
一、岗位工作分析 /10
二、岗位说明书的内容与形式 /11
三、岗位说明书的编制 /12
【范本】总经理岗位说明书 /14
【范本】销售经理岗位说明书 /15
【范本】展厅主管岗位说明书 /15
【范本】销售顾问岗位说明书 /16

第二部分
人力资源管理 /17

第一章 员工形象管理 /18
一、工作态度 /18

二、仪容仪表　　　　　　　　　　　　　　　　　/ 18
　　三、着装要求　　　　　　　　　　　　　　　　　/ 18
　　　　【范本】××汽车4S店员工形象礼仪规范　　　/ 19

第二章　员工培训管理　　　　　　　　　　　　　/ 21

　　一、员工培训的目的　　　　　　　　　　　　　　/ 21
　　二、调查培训需求　　　　　　　　　　　　　　　/ 21
　　　　【范本】××汽车4S店培训需求调研问卷　　　/ 22
　　三、分析培训需求　　　　　　　　　　　　　　　/ 23
　　四、制订培训计划　　　　　　　　　　　　　　　/ 23
　　五、选择培训方式　　　　　　　　　　　　　　　/ 25
　　六、开发培训课程　　　　　　　　　　　　　　　/ 25
　　七、选择培训教师　　　　　　　　　　　　　　　/ 28
　　八、做好培训准备　　　　　　　　　　　　　　　/ 29
　　九、评估培训效果　　　　　　　　　　　　　　　/ 29

第三章　员工绩效管理　　　　　　　　　　　　　/ 32

　　一、员工薪酬设计　　　　　　　　　　　　　　　/ 32
　　　　【范本】××汽车4S店薪酬管理制度　　　　　/ 33
　　二、员工绩效考核　　　　　　　　　　　　　　　/ 35
　　　　【范本】××汽车4S店员工考核管理制度　　　/ 38

第三部分
新车销售管理　　　　　　　　　　　　　　　　　　/ 43

第一章　集客活动　　　　　　　　　　　　　　　/ 44

　　一、常用的集客方式　　　　　　　　　　　　　　/ 44
　　二、集客活动的目标与计划　　　　　　　　　　　/ 44
　　三、集客活动的实施　　　　　　　　　　　　　　/ 45
　　　　相关链接　开展集客活动主要渠道　　　　　　/ 45

第二章　展厅接待　　　　　　　　　　　/ 47

一、展厅接待的目的　　　　　　　　　　/ 47
二、接待前准备　　　　　　　　　　　　/ 47
三、接待情境应对　　　　　　　　　　　/ 48

第三章　客户需求分析　　　　　　　　　/ 50

一、需求分析的目的　　　　　　　　　　/ 50
二、了解客户的需求　　　　　　　　　　/ 50
三、需了解的信息　　　　　　　　　　　/ 51
四、分析客户的需求　　　　　　　　　　/ 52

第四章　车辆展示　　　　　　　　　　　/ 53

一、新车展示的目的　　　　　　　　　　/ 53
二、展示汽车的操作步骤　　　　　　　　/ 53
三、车辆展示的操作要点及注意事项　　　/ 56

第五章　试乘试驾　　　　　　　　　　　/ 58

一、试乘试驾的目的　　　　　　　　　　/ 58
二、试乘试驾的准备工作　　　　　　　　/ 58
三、试乘试驾的操作要领　　　　　　　　/ 59

第六章　达成交易　　　　　　　　　　　/ 60

一、报价　　　　　　　　　　　　　　　/ 60
二、客户异议处理　　　　　　　　　　　/ 61
三、促成交易　　　　　　　　　　　　　/ 62
四、达成交易　　　　　　　　　　　　　/ 63

第七章　交车验车　　　　　　　　　　　/ 64

一、交车前准备　　　　　　　　　　　　/ 64

二、提车前相关事宜 /66
【范本】PDI检查表 /66
三、陪同客户提车 /68
四、交车仪式 /68

第八章　跟踪与回访 /69

一、服务跟踪方式 /69
二、销售顾问回访 /69
三、客户定期跟踪 /70

第四部分
增值服务管理 /71

第一章　汽车精品 /72

一、汽车精品的特点 /72
二、汽车精品的类别 /73
三、汽车精品的利润 /73
四、汽车精品的采购 /75
五、汽车精品的陈列 /76
相关链接　汽车精品陈列技巧 /77
六、汽车精品的销售 /77

第二章　汽车改装服务 /80

一、汽车改装的概念 /80
二、汽车改装的界限 /80
三、适宜汽车4S店发展的改装业务 /82
四、汽车改装的注意事项 /82
相关链接　怎样改装才算合法 /84

第三章 汽车租赁服务 　　/ 85

一、开展租赁业务的优势 　　/ 85
二、开展租赁业务的好处 　　/ 86
三、开展租赁业务应具备的资质 　　/ 86
四、汽车租赁流程 　　/ 86

第四章 二手车置换服务 　　/ 88

一、二手车的定义 　　/ 88
二、二手车置换的概念 　　/ 88
三、开展二手车置换的好处 　　/ 88
四、二手车置换的条件 　　/ 89
　　相关链接 禁止交易的车辆类型 　　/ 90
五、二手车置换的流程 　　/ 90

第五章 其他增值服务 　　/ 91

一、开展保险业务 　　/ 91
二、组建客户俱乐部 　　/ 93
三、与茶商合作 　　/ 93
　　相关链接 未来4S店的盈利模式 　　/ 93

第五部分
市场推广管理 　　/ 95

第一章 市场推广前期管理 　　/ 96

一、市场推广的目的 　　/ 96
二、市场信息分析与反馈 　　/ 96
三、广告宣传推广 　　/ 97

四、媒体公关推广　　　　　　　　　　　　　　　/ 99
　　　　【范本】××汽车4S店危机公关管理制度　　　/ 102

第二章　市场推广活动策划　　　　　　　　　　　/ 104

　　一、建立目标　　　　　　　　　　　　　　　　　/ 104
　　二、确认对象　　　　　　　　　　　　　　　　　/ 105
　　三、确认主题　　　　　　　　　　　　　　　　　/ 105
　　四、拟定方案　　　　　　　　　　　　　　　　　/ 108
　　五、策划预算　　　　　　　　　　　　　　　　　/ 111
　　六、执行与控制　　　　　　　　　　　　　　　　/ 111
　　七、效果评估　　　　　　　　　　　　　　　　　/ 112
　　　　【范本】××汽车4S店市场推广运作制度　　　/ 113

第六部分
售后服务管理　　　　　　　　　　　　　　　　　　/ 117

第一章　维修保养预约　　　　　　　　　　　　　/ 118

　　一、维修预约分类　　　　　　　　　　　　　　　/ 118
　　二、实行预约的好处　　　　　　　　　　　　　　/ 118
　　三、预约的内容　　　　　　　　　　　　　　　　/ 119
　　四、预约的要求　　　　　　　　　　　　　　　　/ 120
　　五、预约准备工作　　　　　　　　　　　　　　　/ 120
　　六、预约规范　　　　　　　　　　　　　　　　　/ 120
　　七、预约注意事项　　　　　　　　　　　　　　　/ 120
　　　　【范本】××汽车客服人员预约过程　　　　　/ 121

第二章　维修保养接待　　　　　　　　　　　　　/ 123

　　一、接待前的准备工作　　　　　　　　　　　　　/ 123

二、客户车辆防护　　　　　　　　　　　　　／123
　　三、进行问诊、预检　　　　　　　　　　　　／124
　　　【范本】接车问诊表　　　　　　　　　　　／126

第三章　维修保养作业　　　　　　　　　　　／129

　　一、维修作业的任务　　　　　　　　　　　　／129
　　二、维修作业的实施要求　　　　　　　　　　／129
　　三、维修作业的安排　　　　　　　　　　　　／130
　　四、跟踪维修服务进程　　　　　　　　　　　／130
　　五、车间维修进度监控　　　　　　　　　　　／131

第四章　质量检查反馈　　　　　　　　　　　／132

　　一、质量检验的任务　　　　　　　　　　　　／132
　　二、质量检验的要求　　　　　　　　　　　　／132
　　三、质量检查的项目　　　　　　　　　　　　／133
　　四、质量检查实施规范　　　　　　　　　　　／134

第五章　结算交车服务　　　　　　　　　　　／135

　　一、结算/交付的任务　　　　　　　　　　　　／135
　　二、结算/交付的要求　　　　　　　　　　　　／135
　　三、交车前的准备工作　　　　　　　　　　　／136
　　四、结算、交车的步骤　　　　　　　　　　　／137

第七部分
客户关系管理　　　　　　　　　　　　　　　／139

第一章　客户信息管理　　　　　　　　　　　／140

　　一、建立客户档案　　　　　　　　　　　　　／140

二、精准细分客户　　　　　　　　　　　　/ 140
　　三、客户档案保管　　　　　　　　　　　　/ 141
　　　　【范本】客户信息跟踪卡　　　　　　　/ 142
　　四、客户资料的保密及外借　　　　　　　　/ 143

第二章　客户回访管理　　　　　　　　　　　/ 144

　　一、电话回访的作用及时间　　　　　　　　/ 144
　　二、电话问卷设计　　　　　　　　　　　　/ 145
　　　　【范本】维修回访问卷　　　　　　　　/ 145
　　　　【范本】销售回访问卷　　　　　　　　/ 146
　　三、电话销售回访　　　　　　　　　　　　/ 146
　　四、电话维修回访　　　　　　　　　　　　/ 147
　　五、电话回访注意事项　　　　　　　　　　/ 148

第三章　客户满意度管理　　　　　　　　　　/ 150

　　一、客户满意的表现　　　　　　　　　　　/ 150
　　二、客户满意度调查　　　　　　　　　　　/ 150
　　　　【范本】客户满意度问卷调查　　　　　/ 150
　　三、销售服务满意度评价　　　　　　　　　/ 152
　　四、维修服务满意度评价　　　　　　　　　/ 153
　　　　相关链接　汽车4S店如何提高客户满意度　/ 155

第八部分
风险防范管理　　　　　　　　　　　　　　　/ 157

第一章　法律风险管理　　　　　　　　　　　/ 158

　　一、来自汽车厂家方面的法律风险　　　　　/ 158
　　二、来自客户方面的法律风险　　　　　　　/ 159

三、来自金融机构方面的法律风险　　/ 161
四、与分销商之间的法律风险　　/ 162
五、与媒体之间的法律风险　　/ 162
六、与同行之间的法律风险　　/ 162
七、来自企业员工方面的法律风险　　/ 163
八、来自政府机构方面的法律风险　　/ 163

第二章　税务风险管理　　/ 164

一、赠品促销带来的风险　　/ 164
　　相关链接　汽车4S店开票低于最低计税价格遭罚款　/ 165
二、厂家返利带来的风险　　/ 165
三、保养美容带来的风险　　/ 167
四、代办按揭带来的风险　　/ 168

第三章　销售风险管理　　/ 169

一、销车价格风险控制　　/ 169
二、收款环节风险控制　　/ 169
三、精品业务风险控制　　/ 170
四、上牌业务风险控制　　/ 171
五、保险、按揭业务风险控制　　/ 171
六、二手车业务风险控制　　/ 172

第四章　经营风险管理　　/ 173

一、常见的经营风险　　/ 173
二、风险管理的措施　　/ 174

汽车4S店

汽车4S店全程运作与创新管理

第一部分

组织架构管理

01 第一章 | Chapter One

建立组织架构

> 企业组织的高层决策，能不能及时有效地贯彻落实，不仅仅是一个有没有能人的问题，更重要的是有没有机会让能人发挥作用，并使下属员工的行为活动实现协调的问题，而这些都要通过企业组织架构的作用来保障。

一、组织架构的概念

组织架构是企业全体员工为实现企业目标，在工作中进行协作，在职务范围、责任、权力方面形成的结构体系，这个结构体系主要包括下图所示的几个部分。

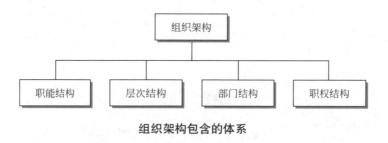

组织架构包含的体系

二、组织架构设计的基本理念

组织架构设计的基本理念如下图所示。

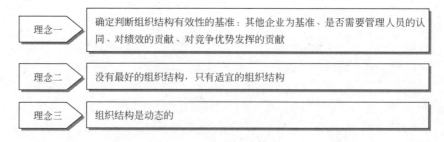

组织架构设计的基本理念

三、组织架构设计的程序

一般来说，企业组织架构设计的程序如下图所示。

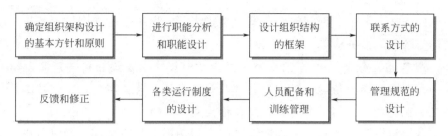

组织架构设计的程序

1. 确定组织架构设计的基本方针和原则

确定组织架构设计的基本方针和原则就是要根据企业的任务、目标以及企业外部环境和内部条件，确定组织架构设计的基本思路，规定组织架构设计的主要原则和主要维度。

2. 进行职能分析和职能设计

职能分析和职能设计主要包括为了完成组织任务、目标而需要设置的各项管理职能。明确其中的关键性职能，不仅要确定全公司总的管理职能及其结构，而且要分解为各项具体的管理业务和工作。

（1）组织架构设计和部门职责设计　通常同类的工作应该归属于同一个部门。

单店、单品牌经营的汽车4S店，普遍采取董事会管理者下的总经理负责制，职能部门包括销售部、业务部、市场部、客服部、采购部、配件部、维修部、财务部、办公室。各部门的职能分工如下表所示。

汽车4S店各部门的职能分工

序号	部门	职能
1	销售部	销售部负责品牌车辆的展示厅接待及销售工作，向客户介绍车型、技术参数、购买手续等问题，协助客户购买称心的车辆
2	业务部	业务部负责老客户管理与维护工作，使客户得到最佳的服务，实现对客户的承诺，维护公司信誉。业务部是售后服务的直接责任部门
3	市场部	市场部主要负责品牌车辆的市场调研、广告、促销活动策划、形象推广等营销工作；负责潜在客户的市场开发与管理工作
4	客服部	客服部主要负责办理"一条龙"服务手续，为客户提供售后验车、领牌照等服务；负责客户合同、车辆档案等资料的管理，为客户提供还款数据、资料查询等服务；建立并维护联盟体服务体系
5	采购部	采购部主要负责品牌车辆的采购，为客户提供提车服务；负责配件的采购工作
6	配件部	配件部主要负责品牌车辆的配件经营和库存管理工作，同时负责配件销售网络的维护管理工作
7	维修部	维修部通常是指维修服务站，主要负责品牌车辆的售后维修及保养工作，同时负责加盟快修店的培训与管理工作
8	财务部	财务部负责财务管理工作
9	办公室	办公室主要负责行政、管理、人力资源等工作

（2）工作职责和权限设计　工作职责和权限设计是指让合适的人在合适的时间、合适的地点做合适的事情。要研究清楚该工作是做什么、为什么设立工作、工作是什么时间要求、工作的环境、什么样的人才能做好这份工作、工作的服务对象、工作的程序规范如何以及为这份工作支付的费用等，还要考虑工作岗位之间的权利分配结构。

（3）部门的任务清单　部门的任务清单是指将部门里每个工作岗位上的员工职责整理后，形成初步的部门任务清单。

比如，汽车4S店销售的工作流程为客户开发→接待→咨询分析→产品介绍→试驾→异议协商→订车→交车→售后跟踪。销售部门是最直接的效益实现者，销售工作的成功与否直接决定企业的成败，销售是实现企业目标至关重要的一环。

在汽车营销组织中，通常有两大职能部门，即销售部与市场部。通过分析，确定销售部与市场部的任务清单，如下表所示。

销售部与市场部的任务清单

销售部的任务清单	市场部的任务清单
（1）进行市场一线信息搜集和市场调研工作 （2）提报年度销售预测给营销副总经理 （3）制订年度销售计划，进行目标分解，并执行实施 （4）管理、督导营销中心正常工作，使业务正常运作 （5）营销网络的开拓与合理布局 （6）建立各级客户资料档案，保持与客户之间的双向沟通 （7）销售部费用预算控制 （8）研究和把握销售人员的需求，充分调动积极性 （9）制订销售人员的行动计划，并予以检查和控制 （10）配合本系统内相关部门做好推广促销活动 （11）按企业回款制度，催收或结算贷款	（1）市场开发。汽车4S店不能仅依靠厂家的品牌影响力而生存，必须创造自身的经销品牌，形成区域品牌优势。这就要求汽车4S店进行有效的市场开发，创建可巩固自己的可控市场（地盘） （2）潜在客户开发。潜在客户在真正购买时，会存在很多的变数。这要求市场人员不仅要开发客户，更要有效地维系客户 （3）建立市场信息网络和客户信息 （4）制订和执行市场开发及推广实施计划，进行市场分析及评估 （5）掌握责任区域内竞争对手的销售政策、广告促销活动等情况 （6）开展市场调查、分析和预测，做好市场信息的搜集、整理和反馈，掌握市场动态，积极、适时、合理、有效地开辟新的经销网点，努力拓宽业务渠道，不断扩大市场占有率 （7）负责具体的市场促销策划、广告策划及价格策划和实施工作

（4）部门的工作和岗位设计　工作和岗位设计是为了达到组织目标而采取与满足工作者个人需要有关的工作内容、工作职能和工作关系的设计。

（5）岗位的工作任务设计　部门的工作内容和任务要分配到各个具体的工作岗位上。

经过以上步骤，可形成如下表所示的岗位描述。

销售经理的岗位描述

1.岗位名称	销售部经理
2.直接上级	营销副总经理（营销总监）
3.直接下级	展示厅主管
4.职能	
（1）把握市场	需求分析/销售预测/市场占有率调查/购买动机调查/失败原因分析/竞争分析/情报管理等
（2）确保销售目标	利润计划/市场占有率目标/基本销售目标/销售价格政策/需求变动对策/环境变动政策/阶段性销售目标
（3）决定销售策略	品牌策略/通路策略与管理/市场细分/促销策略/广告策略/企业形象管理
（4）编制销售计划	销售方针/销售分配/销售目标、计划、预算/人员招聘、培训与配置/访问计划/销售地图/销售基点/销售用具

续表

（5）制定销售战术		战术的独创性/失败分析/客户抱怨分析/潜在客户整理方法/客户吸引策略/专案分析/销售方案/售前与售后服务
（6）训练销售人员		产品知识/购买心理研究/洽谈方法/沟通技巧/处理抱怨的方法/应对各类顾客的方法/角色扮演
（7）培养奋斗精神		适才适用/时间管理/能力评估/业绩评估/薪资政策、报酬设计/销售竞赛
（8）管理销售活动		设计合适的销售组织/职务分配/团队建设/行动管理/销售事务管理/销售费用控制/报表管理/业务量测定
（9）利润计划与资金管理		利润目标设定/降低成本的目标/过程管理/经营分析/预算控制/差异分析/信用调查/应收账款管理/收款活动管理
5.责任		
（1）完成目标责任		① 对销售部工作目标的完成负责 ② 对指标制定和分解的合理性负责 ③ 对销售网络建设的合理性负责
（2）管理下级责任		① 对下级的纪律行为、工作秩序、精神面貌负责 ② 对销售部给企业造成的影响负责
（3）制定规章、流程的责任		① 对销售部规章制度的执行情况负责监督检查 ② 对销售部工作流程的正确执行负责
（4）负责收支管理		① 对确保货款及时回笼负责 ② 对销售部预算开支的合理性负责
（5）负责信息的完整性		对销售部所掌握的信息完整性、秘密信息安全负责
6.权限		
（1）对内和对外的管理权限		① 有对销售部人员及各项工作的管理权 ② 对重大促销活动有现场指挥权 ③ 对下级的工作有监督检查权 ④ 有对直接下级岗位的调配建议权 ⑤ 对所属下级的工作争议有裁决权 ⑥ 对限额资金有支配权 ⑦ 有一定范围内的客诉赔偿权 ⑧ 有代表企业对外的联络权
（2）对上级的报告权		有向公司管理者的报告权
（3）对下级的考核权		① 对直接下级有奖惩的建议权 ② 对所属下级的管理水平、业务水平和业绩有考核权

（6）岗位任职资格的确认和工作说明书　岗位任职资格的确认和工作说明是对任职者在学历、特定知识、特定经验以及特定能力方面的要求。

（7）其他　包括关键业务流程控制、作业指导书和关键业务培训手册。

3.设计组织结构的框架

设计承担这些管理职能和业务的各个管理层次、部门、岗位及其权责与职务，是设计组织结构的主体。具体表现为确定企业的组织结构图。结织结构图的形式有许多种类。

（1）直线式组织　直线式组织形式如下图所示。

在该组织形式下，最高管理者负责决定企业内的一切事项，最高管理者及部门主管对下级有绝对指挥监督权，部门主管相互间、经办人员相互间，很少有意见沟通、行动协调的关系存在；权力与责任关系，多循上下指挥监督系统流动。

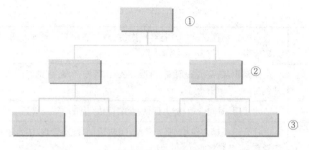

直线式组织形式

① 代表组织的最高管理者；② 代表部门主管；③ 代表经办人员。沟通途径为最高管理者监督部门主管，部门主管监督经办人员，下级对上级有所汇报时，也须循监督系统进行

（2）功能式组织　功能式组织形式如下图所示。

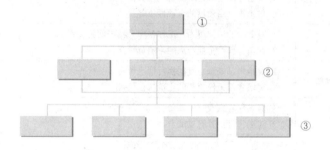

功能式组织形式

① 代表组织最高管理者；② 代表专家；③ 代表经办人员。沟通途径为各经办人员在工作上分别受有关专家的监督，各专家又受企业最高管理者的行政监督

在该形式下，各经办人员的工作，依专业分别由各专业专家指挥监督，各专家只指挥监督经办人员各种工作中所主管部分的专业工作。

（3）直线及功能式组织　直线及功能式组织形式如下图所示。

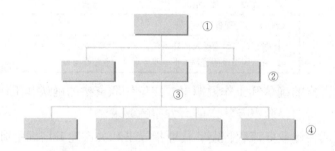

直线及功能式组织形式

① 代表组织最高管理者；② 代表专业顾问或行政管理单位；③ 代表直线或业务单位主管；
④ 代表直线或业务单位经办人员。各经办人员在工作上受直接主管的指挥监督，专业顾问或行政管理单位主管，不能直接指挥监督直线或业务单位人员

直线及功能式组织形式在形式上结合直线式及功能式组织形式而成，故兼具直线式及功能式组织的特性。

（4）委员会组织　委员会组织形式如下图所示。

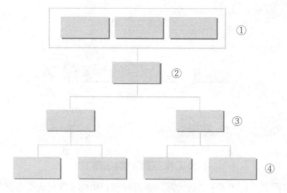

委员会组织形式

① 代表委员会本身；② 代表执行委员会决议的负责人；③ 代表企业各部门主管；④ 代表经办人员。
决议与执行分开，决议部分的组织由若干委员组成。执行部分的组织多与直线式组织相似，
但也有采用直线式及功能式组织者

委员会组织形式的特性是，对有关事项需由各委员讨论决定，一经决议即为委员会的决定。而委员会的任务性质又各有不同，如有的委员会同时负责决定与执行工作；有的委员会只做决定，执行则由另一组织负责；有的委员会在讨论后只向有关组织提出建议；有的委员会只是听取意见，既不讨论也不做决定。

（5）扁平的组织形式　扁平的组织形式如下图所示。

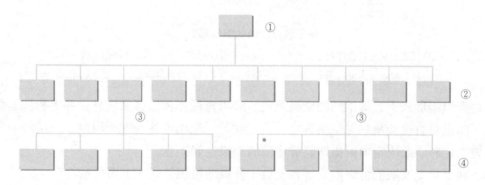

扁平的组织形式

① 代表组织最高管理者；② 代表顾问、专技等人员；③ 代表业务部门主管；④ 代表经办人员。
各经办人员在工作上受直接主管的指挥监督，但也鼓励与有关顾问、专技等人员交换意见

扁平的组织形式的特性为，组织形式趋于扁平型，组织内尽量扩大管理幅度以减少层次，顾问、专技等人员增加，鼓励顾问、专技等人员与业务单位主管及其所属经办人员交换意见，主管也经常征询顾问、专技等人员的意见，除重要事项决定的下达遵循指挥监督系统外，通常有关意见的沟通并不限于指挥监督系统的途径。

（6）扩大工作范围的组织形式　扩大工作范围的组织形式如下图所示。

扩大工作范围的组织形式的特性是，扩大经办人员的工作范围，不使经办人员的工作予以固定，以增加运用经办人员学识经验才能的机会，避免因工作过于单调或机械所引起的心理上疲劳与影响工作情绪。顾问与业务部门主管间，也鼓励其交换意见，必要时并做职务的调任，以增进对业务部门及顾问工作的了解。

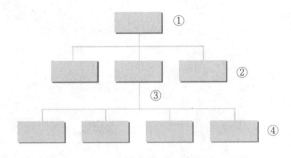

扩大工作范围的组织形式

①代表组织最高管理者；②代表顾问或行政管理单位；③代表业务部门主管；
④代表经办人员。经办人员虽设有四人，但其经办业务并不予以固定，
可随时调整，其余情况与直线式及功能式组织相同

（7）便于意见沟通的组织形式　便于意见沟通的组织形式如下图所示。

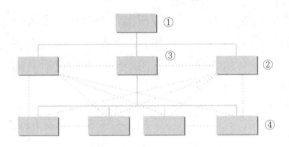

便于意见沟通的组织形式

①代表组织最高管理者；②代表顾问或行政管理单位；③代表业务部门主管；
④代表经办人员。图中的实线代表指挥监督系统，虚线代表意见沟通途径

在这类组织形式下，员工间的交换意见，除可遵循指挥监督系统外，并无指挥监督关系，员工间也可直接交换意见。换言之，员工间的意见沟通途径并无限制，只是经由意见沟通需做决定时，此决定须由指挥监督地位的上级主管同意。

（8）利于员工发展的组织形式　利于员工发展的组织形式如下图所示。

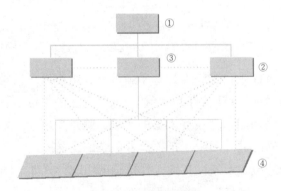

利于员工发展的组织形式

①代表组织最高管理者，并可酌增副主管；②代表顾问或行政管理单位，并可酌增顾问人员；③代表业务单位主管人员，并可酌增副主管；④代表经办人员。实线代表指挥监督系统，虚线代表意见沟通途径，经办人员的工作不予严格限定，各经办人员虽属同一层次，但其地位有高低

想增加员工的发展机会，必须首先增加员工职务上的晋升机会，其次增加员工的训练学习机会以增进知识技能，最后增加员工处理工作的机会以资历练。为配合以上三种需求而设计的组织形式，还需酌增副主管、顾问职务，对不同层次职务的职责做不同的认定，有利于升迁；增加意见沟通途径，有利于训练学习；经办人员工作分配不予以固定，以资历练。

4. 联系方式的设计

联系方式的设计是指控制、信息交流、综合、协调等方式和制度的设计。

5. 管理规范的设计

管理规范的设计主要是设计管理工作程序、管理工作标准和管理工作方法，作为管理人员的行为规范。

6. 人员配备和训练管理

人员配备和训练管理是指根据结构设计，定质、定量地配备各级管理人员。

7. 各类运行制度的设计

各类运行制度的设计是指设计管理部门和人员绩效考核制度，设计精神鼓励和工资奖励制度，设计管理人员培训制度。

8. 反馈和修正

反馈和修正是指将运行过程中的信息反馈回去，定期或不定期地对上述各项设计进行必要的修正。

下面提供一份××汽车4S店组织架构的范本，仅供参考。

【范本】

××汽车4S店组织架构

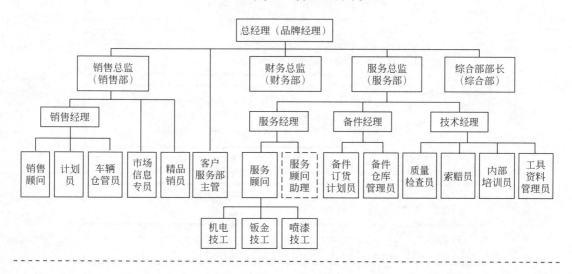

02 第二章 Chapter Two

明确岗位职责

> 对于职责的明确，可以用岗位说明书的形式来加以确定。在制作岗位说明书之前，必须对汽车4S店的各个岗位进行工作分析，然后再按步骤进行岗位说明书的制定。

一、岗位工作分析

岗位工作分析也就是岗位分析，即指对某工作进行完整的描述或说明，以便为人力资源管理活动提供有关岗位方面的信息，而进行的一系列岗位信息收集、分析和综合的人力资源管理的基础性活动，如下图所示。

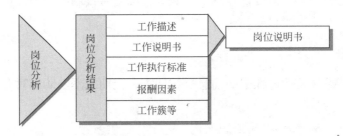

岗位分析与岗位说明书的关系

岗位分析要从下图所示的八个要素开始着手进行，即7W1H。

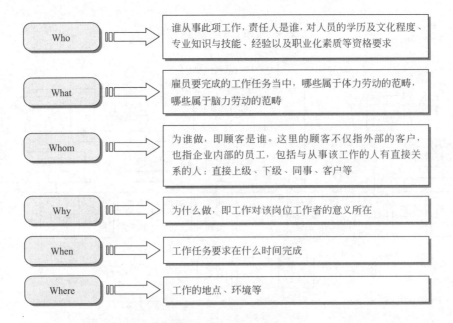

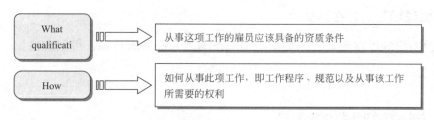

岗位分析的八要素——7W1H

岗位分析是一项复杂的系统工程，企业进行岗位分析，必须统筹规划、分阶段、按步骤进行。

岗位分析常用的方法有问卷调查、总结分析、员工记录、直接面谈、观察等。有了岗位分析的结果以后，就可以着手制定岗位说明书了。

二、岗位说明书的内容与形式

岗位说明书是表明企业期望员工做些什么、员工应该做些什么、应该怎么做和在什么样的情况下履行职责的总汇。岗位说明书最好是根据公司的具体情况进行制定，而且在编制时，要注意文字简单明了，并使用浅显易懂的文字填写；内容要越具体越好，避免形式化、书面化。

1. 岗位说明书的内容

岗位说明书通常应该包括下表所示的主要内容。

岗位说明书的内容

序号	栏目	具体说明
1	岗位基本资料	岗位基本资料包括岗位名称、岗位工作编号、汇报关系、直属主管、所属部门、工资等级、工资标准、所辖人数、工作性质、工作地点、岗位分析人等
2	岗位分析日期	岗位分析日期，其目的是为了避免使用过期的岗位说明书
3	岗位工作概述	岗位工作概述是指简要说明岗位工作的内容，并逐项加以说明岗位工作活动的内容，以及各活动内容所占时间的百分比，活动内容的权限，执行的依据等
4	岗位工作责任	岗位工作责任包括直接责任与管理者责任（非管理岗位则没有此项内容），要逐项列出任职者的工作职责
5	岗位资格	岗位资格是指从事该项岗位工作所必须具备的基本资格条件，主要有学历、个性、特点、体力要求以及其他方面的要求

岗位说明书的内容，可依据岗位工作分析的目标加以调整，内容可繁可简。

 小提示

在实际工作中，随着公司规模的不断扩大，岗位说明书在制定之后，还要在一定的时间内，有必要给予一定程度的修正和补充，以便与公司的实际发展状况保持同步。

2. 岗位说明书的外在形式

岗位说明书的外在形式，是根据一项工作编制一份书面材料，可用表格显示，也可用文字叙述。

三、岗位说明书的编制

岗位说明书针对对象一般指全体在职员工，除非特殊岗位新增或者变动，常规是每年更新一次，由人力资源部备案修改。岗位说明书要求语言简练清晰，通俗易懂，描述性和职业性强，每个岗位要有独立说明书，杜绝雷同。

常规的岗位说明书一般包含职位名称、所属部门、职位编号、职位类别、职位定编、职位上级、职位概要、工作职责、职位权限、绩效指标、任职资格（经验要求、资格证书、知识要求、素质要求等）、工作条件、编制日期等相关项目。

1. 如何编写"职位标识"

（1）关于"职位名称" 职位名称应与最近一次定编时的名称保持一致，属于新增岗位的，应先行到人力资源部确认。职位名称是对工作名称的进一步明确，规范职位的名称有利于统一管理。

（2）关于"所属部门" 所属部门是指该职位所属的机构或部门，繁简程度要视公司具体情况来定，原则是应该填写到该职位所属的具体部门，如果部门有分部，则应该填写到所属的具体分部。

比如，某集团规模较大，有众多子公司，人力资源部经理的所属部门应填写"子公司简称+人力资源部"；如果部门很大，还分有各分部，则可以填写"子公司简称+人力资源部某某分部"。

（3）关于"职位编号" 职位编号是指职位的代码，每个对应的岗位都需要对应的独立编码；职位编号的具体规则可以根据企业的需求具体界定。特别是对于规模较大的集团来说，职位编号便于快速查找所有的职位，一般来说这项工作都是需要在整套岗位说明书全部完成后统一编号再来填写。

（4）关于"职位类别" 职位类别是指公司对这个岗位的定位，一般来说分高层、中层及基层三类，具体如下图所示。

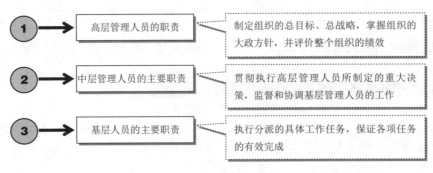

职位类别的分类

（5）关于"职位定编" 职位定编是指该岗位的编制人数，即配备几个人员，填写阿拉伯数字，可以根据人力资源规划填写。

（6）关于"直接上级""直接下级" 直接上级一般会有以下几种情况：一般部门副职的直接上级是正职；各部门正职的直接上级是对应的主管领导；各子公司、分公司、各部门内人员的直接上级一般来讲都是该部门的正职。直接下级以此类推。

小提示

对于"直接上级""直接下级"，应该填写其职位具体名称，而不是填写人名。

2. 如何编写"职位概要"

职位概要也就是职位的职责概要，基本就是对后文工作职责的总结，应该用一句话简单地概括。该职位对公司的独特贡献是什么？如果该职位不存在，会有什么工作完不成？应避免笼统性描述，需最大限度地明确职责，避免在岗人员逃避责任。格式可按照"为了……，在……下，做……"。

比如，对于人力资源部经理来说，其职位概要主要如下：为了给公司的长远发展提供人力资源管理上的支持，在公司战略发展方向下，执行人力资源部年度工作计划，建立并完善人力资源管理体系，研究、设计人力资源管理模式（包含招聘、绩效、培训、薪酬及员工发展等体系的全面建设），制定和完善人力资源管理制度。

3. 如何编写"工作职责"

工作职责来自职位概要的分解，按照公司的要求，本职位应该做什么。在编写时，首先应该将本职位的主要工作模块罗列，即本职位应该做哪几个模块的工作，然后对每块工作进行具体分解描述；在具体描述时，每一条职责，都应尽量以流程的形式描述。

小提示

上级的岗位职责是下属岗位职责的集合，上级的岗位职责应是在更高的层面的职责，特别是高层管理岗位。

4. 如何编写"职位权限"

职位权限是指工作职责范围内所拥有的权利。权限是指为了保证职责的有效履行，任职者必须具备的，对某事项进行决策的范围和程度，它常常用"对……具有批准权限"来进行表达。

5. 如何编写"绩效指标"

绩效指标是指通过明确绩效考核目标的单位或者方法，对承担企业经营过程及结果的各级管理人员完成指定任务的工作业绩的价值创造的判断过程。

小提示

绩效指标的设定必须符合SMART（明确性、衡量性、可实现性、相关性、时限性）原则，可依据公司绩效考核方案提炼相对应的岗位绩效指标。

6. 如何编写"任职资格"

任职资格是职位价值、职位招聘等的重要依据，任职资格的规定要严格界定为工作所要求的，本质上任职资格是岗位胜任力的要求，不是针对现有人员的要求，而是设想该职位所需的必备条件。任职资格包括下图所示的项目。

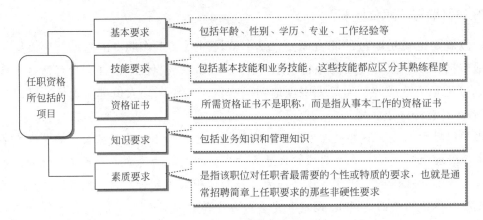

任职资格所包括的项目

7. 如何编写"工作条件"

工作条件是指在岗人员在工作中的设施条件、工作环境、劳动强度和工作时间的总和。下面提供几份4S店常见岗位的岗位说明书，仅供参考。

【范本】

总经理岗位说明书

职务名称	总经理	所属部门	总经办
职　系		直属上级	
工作职责	1.负责确定公司经营宗旨和发展方向 2.负责确定公司年度经营计划（包括公司中长期经营计划、分品牌销量、市场占有率、区域排名等），并分解到各经营团队，确保实施 3.完善4S店各项管理，健全岗位职责目标，持续改进各项业务流程，对经营过程实施有效的监督、指导、考核，并保证企业可持续发展 4.制定相关策略和制度，全面提升客户满意度及员工满意度 5.制定公司相关制度，负责审核公司人员的奖惩、收入和各项费用，以公司年度财务计划为目标，严格控制费用成本，保证年度利润目标的达成 6.负责向上级管理者定期上报公司运营情况，根据实际情况及时调整运营政策 7.组织制定年度预算及年度工作计划并有效分解成月度工作计划，通过检查、调控、监督和考核等过程管理，保障各项计划及指标的完成			

续表

工作职责	8. 组织市场调研工作，根据市场变化及时调整各项计划，挖掘市场潜力，扩大市场份额 9. 决定公司人力资源管理方针，制定年度和月度的团队激励政策，有效激励员工，培养一支训练有素的团队 10. 负责公司公共关系、银行融资、厂家关系的沟通，组织经济协议的洽谈和经济合同的签订
任职资格	1. 教育背景：专科及以上学历，管理等相关专业 2. 培训经历：受过市场营销、产品知识、产业经济、公共关系、管理等方面的培训 3. 经验：2年以上汽车行业中层管理岗位工作经验 4. 技能技巧：具备优秀管理者的能力；对市场分析及预测能力；熟悉汽车产品相关知识，了解财务管理知识，人力资源管理知识，以及一般法律常识；有良好的团队激励及资源整合能力；熟练操作办公软件和办公自动化设备；熟练的公关处理能力及谈判技巧 5. 态度：正直、坦诚、成熟、豁达、自信；高度的责任心

【范本】

销售经理岗位说明书

职务名称	销售经理	所属部门	销售部
职　系		直属上级	总经理
工作职责	1. 负责完成年度、月度销售目标和利润目标，包括属地市场占有率、客户满意度等销售业务指标 2. 负责销售部人员的管理（销售人员的面试、销售人员的战力规划、销售人员的业务培训及日常指导） 3. 负责品牌宣传，品牌市场分析、管理、促销和开拓，以及大客户、二级网点的开发和管理 4. 负责利润管理、销售价格管控、成交车辆还款掌控、非整车销售利润的拓展 5. 负责市场和渠道业绩管理、广告促销、市场分析及渠道销售、市场相关活动的管理 6. 根据市场销售的不同情况，及时、合理、准确地调整销售及奖励政策，保证销售目标的达成 7. 按时提交公司销售、市场、渠道分析、发展报告 8. 车辆库存管理、车辆订购计划的审批、库存车辆调拨管理、超期库存车辆的促销 9. 负责制定销售顾问的激励方案 10. 开展人员、方法、流程和组织的SWOT分析，并制定改进目标 11. 负责部门人员业务能力的指导和提升工作 12. 负责与公司各部门的沟通、协调工作		
任职资格	1. 教育背景：专科及以上学历，销售管理等相关专业 2. 培训经历：受过市场营销、产品知识、产业经济、公共关系、管理等方面的培训 3. 经验：3年以上汽车销售经验，2年以上管理相关工作经验 4. 技能技巧：对市场的分析及预测能力；有广泛的当地社会关系及人脉，良好的沟通与组织能力；有良好的团队激励及资源整合能力；熟练操作办公软件和办公自动化设备；熟练的公关处理能力及谈判技巧 5. 态度：正直、坦诚、成熟、豁达、自信		

【范本】

展厅主管岗位说明书

职务名称	展厅主管	所属部门	销售部
职　系		直属上级	销售经理
工作职责	1. 协助销售部经理进行展厅管理，完成销售经理制定的展厅销售目标 2. 负责销售顾问的业务指导和培训工作 3. 严格执行厂家标准化销售流程，开展销售管理工作		

续表

工作职责	4.负责销售顾问绩效管理和售前客户满意度的提升工作 5.负责展厅的展车、型录架、广告物料等的合理布置，营造展厅良好的购物环境 6.负责展厅的日常管理工作，包括召开晨会、夕会，销售顾问日常行为规范、接待礼仪、展厅和展车的清洁卫生等 7.负责整理、收集展厅订单，核对库存情况，安排销售顾问交车 8.负责接待来访客户及协助销售经理协调日常事务 9.负责协助销售顾问处理临时突发事件 10.负责与公司各部门的沟通、协调工作
任职资格	1.教育背景：专科及以上学历，市场营销管理等相关专业 2.培训经历：受过市场营销、销售技巧等方面的培训 3.经验：3年以上汽车销售相关工作经验 4.技能技巧：对销售工作有较深刻了解；熟练操作办公软件 5.态度：吃苦耐劳，高度的服务意识和工作热情；有良好的团队合作精神；很强的敬业精神和奉献精神

【范本】

销售顾问岗位说明书

职务名称	销售顾问	所属部门	销售部
职　系		直属上级	展厅主管
工作职责	1.负责完成销售经理下达的月度销售目标 2.负责客户接待和整车销售 3.负责寻找潜在客户 4.负责收集客户信息资料 5.严格按照厂家标准销售流程进行客户销售推介，为客户提供优质、周到的购车、咨询、跟踪服务，努力提升客户满意度，树立良好的品牌形象和口碑 6.了解竞争产品的有关信息，并根据销售流程和客户需求，详细介绍车型的性能、配置、价格等优劣势分析及产品卖点，向客户详细介绍付款支付方式、上牌、保险等购车事宜 7.负责向客户推销汽车精品，完成销售经理下达的精品销售计划 8.对出现的客户投诉等问题应立即反馈给销售经理或展厅主管，不能推诿客户 9.对已购车客户应保持经常性的联系和关怀，如客户生日贺卡、购车日礼品、保养提醒等，争取客户介绍其他客户购买产品 10.邀约客户进行试乘试驾活动 11.车辆交接后3日内进行客户回访和客户关怀工作 12.负责展车清洁 13.参加培训周会、销售晨会、销售夕会		
任职资格	1.教育背景：专科及以上学历，汽车技术服务等相关专业 2.培训经历：受过市场营销方面的专业培训；汽车产品类专业培训 3.经验：1年以上汽车销售经验相关工作经验 4.技能技巧：了解汽车销售流程；娴熟的驾驶技能；熟练操作办公软件和办公自动化设备 5.态度：坦诚、自信，高度的工作热情；有良好的团队合作精神，有较强的服务意识		

汽车4S店

汽车4S店全程运作与创新管理

第二部分

人力资源管理

01 第一章 Chapter One

员工形象管理

> 每个企业都离不开员工，员工是给企业创造利益的最大源头，一个好的企业不仅要实力强，企业形象也要好，而企业形象的代表是员工。因此，汽车4S店有必要做好店面人员的形象管理。

一、工作态度

① 做到客户至上，热情礼貌。对客户要面带笑容，使用敬语，"请"字当头，"谢"字随后，给客户以亲切和轻松愉快的感觉。

② 努力赢得客户的满意及汽车4S店的声誉，提供高效率的服务，关注工作上的技术细节，急客户所急，为客户排忧解难。

③ 给客户以效率快和良好服务的印象，无论是常规的服务还是正常的管理工作，都应尽职尽责，一切服务必须得到及时圆满的效果。

④ 员工之间应互相配合、真诚协作，不得提供假信息，不得文过饰非，阳奉阴违。

二、仪容仪表

汽车4S店工作人员的仪容不仅体现其个人素质，而且也反映汽车4S店的精神风貌，所以工作人员必须具备良好的仪容，具体要求如下。

① 头发整齐，保持清洁，男性员工头发不宜太长。
② 面部洁净、健康，男性员工不留胡须，口腔清洁。
③ 保持手部清洁，不留长指甲。女性员工涂指甲油要尽量用淡色。
④ 上班前不能喝酒或吃有异味的食品，工作时不许抽烟。
⑤ 女性员工应化淡妆，给人清新健康的印象，不能浓妆艳抹，不宜用香味浓烈的香水。

三、着装要求

规范、整洁、得体的着装，是汽车4S店工作人员仪表的重要内容，也是衡量汽车4S店等级、服务水准的重要依据。

汽车4S店所有员工在工作场所的服装应统一、清洁，具体要求如下。

① 员工必须身着统一的制服，服装须保持整洁，不追求修饰。
② 衬衫无论是什么颜色，其领子与袖口都不得有污秽。

③ 鞋要保持清洁。

④ 女员工要保持服装淡雅得体，不得过分华丽。

下面提供一份××汽车4S店员工形象礼仪规范的范本，仅供参考。

【范本】

××汽车4S店员工形象礼仪规范

一、目的

良好的形象和举止是一个正常营运4S店的基本要求，一个人的内涵和气质可通过他的形象及举止散发出来，可以说，这些基本的礼仪规范是每一个员工都应有的基本素养。

作为××的一员，我们需要在这基础的通用礼仪之上，进一步学习和完善自身的礼仪素养，让我们举手投足间都表现出独特气质和内涵。

二、适用人群

公司全体员工。

三、内容与要求

1.外貌仪容

（1）头发　保持头发的清洁并经过精心的梳理，不宜涂抹过多的啫喱、摩丝，头发要用心保养。

男士	轮廓分明、样式普通、整洁，修剪得体，前不过眉、侧不过耳、后不过领
女士	梳理整齐，给人一种文雅庄重的感觉，过肩发需束起，让客户感觉到专业。应选择深色且大小不超过10厘米的头饰

（2）五官

男士	清洁、自然、精神饱满。尽量不留胡须，若留则修剪整齐。若戴眼镜，应选择自然、大方的款式，要经常保持眼镜的清洁、及时除去锈蚀
女士	清新、自然、精神饱满。通过恰当的淡妆装饰实现朴素、优雅、大方的美

（3）双手

男士	必须保持双手及指甲清洁、无黑边；指甲长度不应超过指尖，手表款式不可过于夸张。戒指根据个人生活实际情况佩戴，允许戴在中指和无名指上
女士	必须保持双手及指甲清洁、无黑边；指甲长度不应超过指尖，手表款式不可过于夸张。如需涂指甲油应涂无色的，戒指根据个人生活实际情况佩戴，戴在允许中指和无名指上

2.着装礼仪

根据××网络经销商管理规定，××网络经销商全体工作人员须穿着××推荐的岗位统一服装，着装规定如下。

（1）着装人员　销售部全体人员、特约店维修站各岗位人员、财务结算人员、行政部及后勤人员。

（2）着装时间　凡是公司规定的着装人员，上班时间必须着××推荐的岗位标志服装，在胸前明显位置佩戴工作牌。

（3）着装要求

男士	（1）穿西装要搭配长袖衬衫，衬衫衣领和袖口挺括、整洁、无皱褶，衬衫的下摆需塞在西裤里 （2）穿西装和长袖衬衫需打领带。领带结应打得饱满，领带下端需盖住腰带扣1/3 （3）单排双粒扣西装只扣最上面一颗扣子或是完全不扣；单排三粒扣西装只扣最上面一颗或两颗，也可完全不扣 （4）穿短袖衬衫或维修工作服时，领口的第二颗纽扣以下应全部扣好 （5）西装、衬衫袖口不可卷起，必须扣上，衬衫的衣袖要长于西服衣袖1~2厘米 （6）搭配黑色皮鞋，保持皮鞋光亮、无灰尘 （7）穿深色的棉袜，避免白色或其他浅色袜，袜子的长度应至脚踝上部
女士	（1）穿西装时系××丝巾，化淡妆，不使用气味过浓的香水，首饰应不超过两件 （2）穿套裙时应穿着高筒袜或连裤袜，不能穿短袜，袜子不能有破洞、脱丝。颜色以肉色、浅灰、浅棕为宜 （3）搭配黑色的高跟、半高跟的船式皮鞋或盖式皮鞋

3.举止仪态

① 同事之间主动问好，工作主动配合。与客户相遇时，3米之内应真诚微笑，点头致意，主动问候。进出门或过道与客户相遇时主动停步侧身让行。

② 与男客户见面时主动握手问好，与女客户见面时，待对方伸手时，再与客户握手问好；主动向顾客递送名片，并报出自己的姓名；与客户交换名片时，双手递送接拿，并郑重收好。

③ 站姿如下。

男士	双脚微分，双手握于小腹前，双目平视，气度安详稳定，表现出自信的态度；站立与客户商谈时，两脚平行打开，之间的距离约为10厘米
女士	脚不要分开，可并拢或一前一后，双手握于小腹前，视线平视

④ 坐姿如下。

男士	从椅子的左侧入座，入座时要轻，坐满椅子的2/3，身体稍向前倾，表示尊重和谦虚。若是较软的沙发，则应坐在沙发前端。男士可将腿分开略向前伸，两膝间的距离以一拳为宜
女士	从椅子的左侧入座，入座时要轻，坐满椅子的2/3，身体稍向前倾，表示尊重和谦虚。若是较软的沙发，则应坐在沙发前端。入座前应将裙角向前收拢，两腿并拢，双脚同时向左或向右放，两手叠放于左右腿上。如长时间端坐，可双腿交叉重叠，但要注意将上面的腿回收，脚尖向下

全体员工在工作岗位和服务过程中都要保持良好的站姿、坐姿、走姿，不闲聊、不打闹、不做与工作无关的事情、不在工作场所放置与工作无关的物品。

四、违规处罚

① 未按规定穿着标志服上班的按旷工处罚；未按规定佩戴胸牌的，每次罚款50元。

② 服务礼仪执行不好的员工，责令限期改进。改进达不到要求的停职学习，考核合格后再上岗。学习期间按劳动部门规定的最低工资标准计发。

02 第二章 Chapter Two

员工培训管理

一、员工培训的目的

员工培训是以改进员工的知识、技能、态度和社会行为,提高员工工作绩效和组织效益为目的的一种学习过程。

员工培训可以达到下图所示的目的。

员工培训的目的

二、调查培训需求

了解不同岗位的差异化需求,做好需求调查,为培训计划奠定牢固的基础。汽车4S店可以通过问卷调查、职代会提案等方式定期进行培训需求调查,将企业和员工的需求统一到培训的具体内容及途径等方面中去。

通过问卷调查的方式来调查培训需求时,应注意以下两个问题。

① 应取得被调查者的信赖,避免让被调查者因接受调查而有顾虑,这样才能从他们身上获得真实可靠的资料。取得被调查者信任的方法有直接要求被调查者的上司给予明确的保证,以无记名方式进行。问卷中避免提及个人资料,如基于事实需要,亦以概括区分不同等级来设计题目。

② 让被调查者分享调查成果。尽可能让被调查者知晓调查结果,如果确实有困难,也应该写封信表示感谢,并保证善用所得的资料,这种做法将使被调查者有被重视的感觉。

下面提供一份××汽车4S店培训需求调研问卷的范本,仅供参考。

【范本】

××汽车4S店培训需求调研问卷

为使各位同事更好地开展本职工作,满足职业发展的需要,现进行相关培训项目的调查。请您根据实际情况配合本公司完成此项调查(请在选项内打√,可多选,不记名)。

| 部门: □销售部 □售后接待 □车间 □行政部 □财务部 □客服部 □库房 □配件部 □美容部 |
| □经理主管级 □内训师 □其他支持人员 |

一、当前您在部门工作中遇到的问题主要包括哪些?
□工作计划　　　　□有效沟通　　　□团队协作　　　□人员管理　　　□专业知识
□解决问题　　　　□时间管理　　　□表达技巧　　　□工作效率　　　□成本控制
其他:

二、为了弥补不足,您期望参加以下哪些培训课程,以帮助更好地开展工作?
1. 政策类
政府及公司相关制度培训□　　　　　公司企业文化培训□
汽车保险理赔流程及相关规定培训□　厂家车辆索赔政策培训□
国家车辆"三包"政策培训□
2. 管理类
管理者艺术培训□　　　　　　　　　团队协作培训□
沟通艺术培训□　　　　　　　　　　时间管理培训□
汽车4S店行为规范培训□　　　　　　车间管理规范培训□
3. 专业类
汽车结构基础知识培训□　　　　　　销售流程培训□
车辆功能及优点培训□　　　　　　　竞品车型对比培训□
售后接待流程培训□　　　　　　　　车间维修工具规范使用培训□
车间专业维修技能培训□　　　　　　车辆故障问诊及判断培训□
精准的市场分析培训□　　　　　　　汽车养护知识培训□
美容件、养护产品性能培训□　　　　续保、延保及安吉星销售培训□
车辆贷款培训□　　　　　　　　　　上牌服务流程培训□
4. 技巧类
销售话术培训□　　　　　　　　　　售后报单技巧培训□
谈判技巧培训□　　　　　　　　　　价格谈判培训□
抗拒处理技巧培训□　　　　　　　　客户投诉处理技巧培训□
培训及转训技巧培训□
5. 图表类
Word文档的使用技巧强化培训□　　　Excel表格的使用技巧强化培训□
PPT制作强化培训□　　　　　　　　　分析图表的使用培训□
6. 其他类
血型、星座与客户性格分析培训□　　心理学培训□　　养生学培训□　　衣食住行培训□
细节决定成败培训□　　　　　　　　消防培训□　　　汽车驾驶技术强化培训□

三、为弥补不足,除上述所列课程外,您希望部门还参加什么课程培训?培训采取什么形式?培训周期及培训时间多长?

三、分析培训需求

1. 数据分析程序

（1）培训需求信息归类、整理　培训需求信息的来源和渠道不同，表现的形式也有所不同，首先要把收集到的信息进行分类、归档，同时制作一些表格和图示。

（2）培训需求信息分析、总结　对收集上来的资料进行仔细分析，从中找出培训需求。注意处理好个别需求和普遍需求、当前需求和未来需求之间的关系，结合企业的实际情况，根据培训需求的重要程度和紧迫程度对各类培训需求排序。

（3）培训需求结果的处理　将培训需求分析的结论形成书面报告，提供给各决策部门参考。可以公开的部分应当向部门或员工公开，并就一些结论与相关部门或人员进行交流，例如，对不能满足的培训需求可以向相关人员提供合理的解释。

2. 撰写培训需求分析报告

培训需求分析报告是培训需求分析工作的成果表现，它的目的在于对各部门申报汇总上来的培训需求做出解释和评估结论，并最终确定是否需要培训和培训什么（下表）。因此，培训需求分析报告是确定培训目标、制订培训计划的重要依据和前提。

培训需求分析报告内容一览表

序号	项　目	具体说明
1	报告提要	报告提要是指简明扼要地介绍报告的主要内容
2	实施背景	（1）阐明产生培训需求的原因 （2）培训需求的意向
3	目的和性质	（1）说明培训需求分析的目的 （2）以前是否有类似的培训分析 （3）以前的培训分析的缺陷和失误
4	实施方法和过程	（1）介绍培训需求分析使用的方法 （2）介绍培训需求分析的实施过程
5	培训需求的分析结果	培训需求的分析结果是指阐明通过培训需求分析得出了什么结论
6	分析结果的解释、评论	（1）论述培训的理由 （2）可以采取哪些措施改进培训 （3）培训方案的经济性 （4）培训是否充分满足了需求 （5）提供参考意见
7	附录	附录是指分析中用到的图表、资料

四、制订培训计划

1. 确定培训目标

培训的目标包括知识的获得、态度的改变或加强、技术的获得、工作行为的改进，以及企业、部门或人员绩效的改善。

根据培训目标，人力资源经理应对培训对象进行界定。
① 是员工还是管理者。
② 是部分员工还是全体员工。
③ 是新员工还是老员工。
④ 是绩效差的员工还是绩效高的员工。

2. 确定培训计划内容

培训计划内容应当考虑以下几方面的问题，如下表所示。

培训计划的内容

序号	内容	具体说明
1	培训方式的选择	培训方式的选择是指根据培训目标和对象选择培训方式：是内部培训还是外部培训，是业余培训还是脱产培训，是集中培训还是分散培训
2	培训机构的选择	培训机构的选择是指以什么标准选择培训机构，有哪些可供选择的培训机构，这些培训机构各有什么优势和劣势
3	培训教材的编制	培训教材的编制是指有无现成的教材，如果有，是否需要修改，如何修改，谁来修改；如果没有，如何编制，谁来编制
4	培训课程的开发	培训课程的开发是指包括课程定位、课程目标、学习策略、教学模式选择、如何评价等
5	培训师的选择	培训师的选择是指内部培训师还是外部培训师，培训师的风格如何，如何考核教学效果，是否需要对培训师进行培训
6	培训预算	培训预算是指预算来源有哪些，预算在培训项目上如何分配，如何处理预算与计划的冲突，预算如何管理
7	考核方案	考核方案是指谁需要进行考核，何时进行考核，如何考核，考核什么，成绩如何使用，有无奖惩措施

3. 培训计划审批

在这个阶段，要确认由哪些主管部门参与培训计划的审核，审核程序是什么，以及审核完成的时间。这个程序要与公司的培训管理制度相匹配。

4. 培训计划落实

培训计划审批后，要进行培训计划的落实工作，主要包括以下几方面的内容。
① 选择外部培训课程或机构的培训，应当与相应部门签订合同。
② 落实或支付培训费用。
③ 确认培训师，与培训师签订合同或协议。
④ 确认培训所需场地、器材、资料的形式和来源等。
⑤ 确认培训相关人员（管理人员、服务人员等）。
⑥ 其他相关的手续。

5. 培训计划发布

培训计划发布时要确定以下内容。
① 发布形式，包括布告栏、网络平台、信函和会议通知等。
② 发布范围，包括公司全体员工和对应部门。

③ 发布时间与报名有效时间。

6. 制订培训计划时应注意的事项

培训计划作为培训实施的纲领，在制订时要注意以下几个问题。

① 计划的制订要结合实际，具有可执行性。
② 培训计划既要全面顾及组织的整体需求，又要注意重点解决当前的实际问题。
③ 计划制订要兼顾培训与日常运营的协调，既要完成培训任务，又不能影响正常工作。
④ 计划制订的经济性。注意公司内外部培训资源的开发，既不能因为培训经费的紧张限制培训开发，又不能因为培训经费充足而增加无谓的培训课程。
⑤ 计划的灵活性。既要克服困难完成总培训计划，又要根据公司的实际变化随时调整培训计划。

五、选择培训方式

到底选择内部培训还是外部培训，可以通过下列问题来判断。

① 公司是否有培训经费。
② 员工是否有培训时间。
③ 公司是否有所需的培训资源，包括课程和培训师。
④ 受训人员是适应外部培训还是内部培训。

小提示

无论从时间成本还是经济成本上考虑，内部培训都比外部培训占优势，而且内部培训还能增加员工对组织的认同感，增加公司的学习气氛，有利于公司的知识交流和分享。

六、开发培训课程

1. 课程开发原则

培训课程不同于学校教育，它具有服务公司和服务成人的特点，同时要考虑成本收益和时效性，因此在开发时要遵循以下原则。

① 符合培训需求，包括公司需求、任务需求和员工需求。
② 以受训者为中心，符合成人学习的特点。
③ 可操作性强，实用性强，避免盲目追求流行。

2. 选择课程要素

课程设计时要根据课程总体目标，选择课程要素。常用的课程要素包括以下几方面，如下表所示。

课程设计要素

序号	要素	具体说明
1	课程目标	课程目标根据培训需求确定,一般用"记住""了解""熟悉""掌握"等词汇描述知识类目标,用"分析""应用""评价"等描述应掌握的行为类目标
2	课程内容	课程内容是指目标指向领域的概念、判断、知识和行为技能等,应围绕课程目标进行选择和组合各项内容,关键在于内容安排的主次顺序和覆盖范围
3	课程模式	课程模式是指培训活动的安排和教学方法的选择。课程模式要与目标有关,并能够有效体现课程内容
4	课程策略	课程策略即教学策略,包括教学程序的选择和教学资源的利用
5	课程评价	课程评价是指对课程目标与实施效果进行评价,评价重点应是可计量的测定目标或可观察的行为指标
6	时间安排	时间安排是指课程时间的有效分配和充分利用
7	空间利用	空间利用是指课程设计应考虑到对培训场地的充分利用,如各种培训游戏的选择和使用
8	学员背景	学员背景是指课程设计时要考虑到学员的文化水平、工作经验,在组织中的地位和工作环境等各项因素对学习的影响
9	施训者背景	施训者背景是指课程设计应考虑到使用者,即培训师或培训者的背景,如资历、教学风格和对课程的理解程度等

3. 人才通道与课程设置

(1)员工成长系统 员工成长系统通常如下图所示。

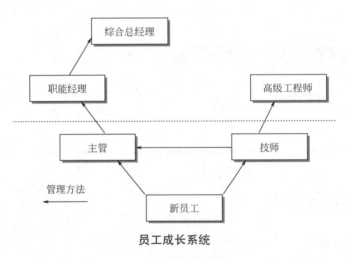

员工成长系统

(2)培训课程分类 一般来说,汽车4S店的培训课程可按下表来分类。

培训课程分类概要

序号	课程分类	适用范围		课程内容
1	A类课程——基础课程	新员工入职培训课程,要求入职两个月内必须完成的课程,集中培训	新员工入职课程	(1)公司制度及历史文化 (2)现场管理培训 (3)员工职业化修养 (4)员工职业生涯规划 (5)客户接待礼仪 (6)汽车原理 (7)财务及OA(自动化办公)技术

续表

序号	课程分类	适用范围	课程内容	
1	A类课程——基础课程	新员工入职培训课程，要求入职两个月内必须完成的课程，集中培训	基础知识和基础专业课程	（8）成交与应付砍价话术 （9）市场活动策划与执行 （10）精品知识及其销售技巧 （11）保险知识及其销售技巧 （12）常用衍生品业务销售话术 （13）续保销售及理赔知识
2	T类课程——专业技术	适用于各个层次且有一定工作经验的员工，主要深入某个专业领域进行学习	管理技术	（1）TTT（培养内部培训师）教练技术 （2）如何解读绩效指标数据 （3）员工管理的思路与方法 （4）目标管理及其工具使用
			综合专业	（5）会员制的运用与管理 （6）市场活动策划与执行 （7）DCC（文控中心）管理与电话营销技巧 （8）Excel和PPT的使用
			销售专业	（9）销售顾问训练 （10）展场营销与管理 （11）大客户营销与管理 （12）线上与线下网点销售与管理
			售后专业	（13）卓越服务顾问训练 （14）高效率配件库存管理 （15）IE（工业工程）在车间现场管理中的运用 （16）衍生品业务销售管理
3	B类课程——管理中级	适用于主管和经理的管理技能提升，采取集中开班的形式进行	管理工具	（1）年度/季度经营计划编制 （2）如何使用绩效管理工具 （3）制度化管理与标准化建设 （4）厂家商务政策解读
			管理技能	（5）团队建设与执行力打造 （6）管理者的艺术 （7）商务社交技巧与礼仪 （8）向上沟通的技巧与艺术
4	C类课程——管理高级	为公司高层提升管理技能的课程，按经营预算进行设置		（1）总经理实战沙盘课程 （2）精益营销课程 （3）公关危机响应系统

（3）技能类员工的发展方向与课程设置　新员工的发展方向如下图所示。

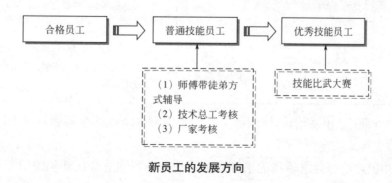

新员工的发展方向

技能类员工从新员工入职开始就应加以培训，其对应的课程设置如下图所示。

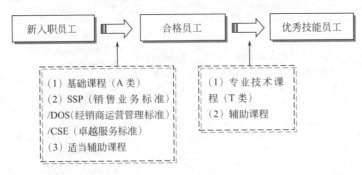

技能类员工课程设置

（4）职能类员工的发展方向与课程设置　职能类员工的发展方向与课程设置如下图所示。

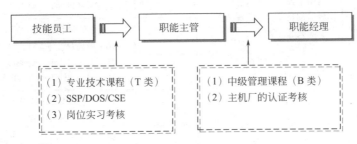

职能类员工的发展方向与课程设置

七、选择培训教师

不管是聘请外部的培训师还是开发内部的培训师，只有选择合适的培训师才能保证培训的效果。在决定从企业内部选择培训师还是从外部聘请培训师之前，要了解外聘培训师和内部培训师的优势及劣势，具体如下表所示。

外聘培训师和内部培训师的优势和劣势

选择	优势	劣势
内部培训师	（1）了解企业和培训对象的情况，培训的针对性强 （2）熟悉培训对象，有利于沟通 （3）成本低	（1）内部培训师不易在培训对象中树立威信，可能会影响到学员的学习态度 （2）选择范围小，可能会影响到培训师的质量 （3）培训师受企业文化影响较大，不利于带来新理念
外聘培训师	（1）选择范围大，质量高 （2）可带来全新的理念 （3）具有"名师"效应，吸引学员，提高培训档次	（1）对企业和培训对象缺乏了解，可能影响培训效果 （2）对培训师的了解度不够，加大了培训的风险 （3）成本较高

聘用企业外部还是内部选择培训师，管理者应根据培训的内容和教学手段，以及经济性和学员的适应性来决定。

① 专业知识理论等要求较高的培训或前沿技术的培训适合从外部聘请专家。

② 较小规模的企业，或没有专门培训职能的企业可以从外部聘请专家。
③ 具有成熟培训体系的企业可开发内部培训师资源。
④ 成熟的课程或专业知识水平较低的课程适合从企业内部选择培训师。
⑤ 企业文化、行为规范方面的培训适合内部培训师。
⑥ 比较培训师开发成本和聘用成本，决定外聘还是内聘。

八、做好培训准备

汽车4S店在培训工作实施前最好先准备一份工作清单，对照清单逐项检查需要准备的事情，以免遗漏。

1. 确认培训对象

培训对象经过申请批准后，管理者应当准备一份详细的培训对象名单，注明个人资料以及联系办法，在培训开始以前，把培训通知发放到个人，培训通知包括培训的日程安排、交通路线和联系人等，并确保在培训开始以前所有学员都给予了回复。如果有变动，应当及时通知到学员。

2. 确认培训场地和设备

场地的租用和准备可能较早就已经确定了，在开课之前，应当再次进行确认，尤其应当把所有培训可能用到的设施和器材一一试用，以保证它们的正常运行。应当指定一个场地设施负责人，并保持与设备维护人员的联系，以应对培训过程中的突发情况。

3. 确认培训时间

培训时间要与学员和培训师确认，如果有变动，要及时通知，并为相应的参与人员预留出路程上的时间。

4. 确认培训资料

培训资料包括自行开发教材的发放，外购教材的准备，课程需使用到的资料，如签到表、调查表、试卷以及证书的准备等。

5. 确认培训讲师

最后确认培训师的个人资料，以及培训师是否会变动，安排和培训师见面，沟通培训的内容，了解培训师的准备情况，及时解决培训师提出的问题。

九、评估培训效果

培训评估作为培训管理流程中的一个重要环节，是衡量企业培训效果的重要途径和手段，具有信息反馈作用。通过评估，企业可以清楚地了解培训后员工的知识是否得到了更新，员工工作表现是否得到了改善，企业的绩效是否得到了提高，它既是对上一阶段培训效果的估量，也为下一阶段的培训工作做好准备。

培训效果评估是一个系统工程，必须有一个全面的规划，才能保证培训评估的效果。

1. 培训效果评估层次

培训效果评估一般在四个层次上进行，具体见下表所示。

培训效果评估层次

层次	标准	解释
1	反应层次	反应层次是评估受训者满意度，包括培训课程、讲师、培训进度等
2	学习层次	学习层次是评估受训者对培训知识、技能、态度和行为方式的掌握程度
3	行为层次	行为层次是评估受训者在培训后工作中行为的改进程度
4	结果层次	结果层次是评估受训者在工作绩效上的改进，可用定量指标和定性指标表示

 小提示

评估所费时间和难度从 1～4 层逐渐加大，可以根据培训项目的具体情况选择效果评估工作的侧重点。

2. 培训效果评估流程

（1）设定评估目标　培训效果评估目标包括以下几种。

① 从总体上对培训投资的有效性进行评价，为以后的培训预算工作提供参考资料。

② 提高培训管理的效率。人力资源经理通过评估过程获得经验和教训，从而提高自己的工作绩效。

③ 提高培训质量。及时的评估可以为改进以后的培训项目提供参考。

④ 提出培训需求。评估本身就是学习过程的一个部分，通过培训效果评估可以了解原来的培训目标是否已经达到，达到了什么程度，通过对比差距来寻找新的培训需求。

（2）建立培训效果信息库　培训效果信息库能使培训管理人员系统、全面地了解培训的全过程，分清主次，把注意力集中在培训带来的变化上。有了基本的数据库，进行下一步评估就会相对容易一些。

（3）制定评估方案　评估方案是实施评估的行动计划，主要包含以下内容。

① 确定评估执行人选。评估的执行者可以是培训管理者、外聘的专家或顾客以及部门管理者。

② 选择评估方法和手段。

（4）评估实施　培训效果评估的实施从下表所示的几个层面进行。

培训效果评估的实施层面

序号	实施层面	具体说明
1	反应层次评估	反应层次评估是评估学员对培训方案的反应，学员对培训项目结构和培训讲师的看法，对培训内容是否合适和方法是否得当的看法等。具体包括培训管理过程评估、讲师评估和自我评估三个方面

续表

序号	实施层面	具体说明
2	学习层次评估	学习层次评估是针对培训内容和培训项目的整体情况以及受训者对培训内容的掌握程度进行评估。它在培训结束前进行，并把成绩反馈给学员及其主管
3	行为层次评估	行为层次评估是针对学员在工作行为和表现方面产生的变化。它在培训结束1～3个月后进行，甚至可延续至1年后
4	结果层次评估	结果层面评估是培训评估中最大的难点。因为对企业经营成果产生影响的不仅仅是培训活动，许多其他因素都会影响企业的经营结果。评估的核心问题是评估培训是否对企业的经营成果产生影响

03 第三章 | Chapter Three

员工绩效管理

> 在长期的企业管理实践中，绩效管理对企业提升执行力，实施发展战略，实现持续、快速、协调、健康的发展具有决定性作用。

一、员工薪酬设计

薪酬是员工向所在的组织提供劳务而获得的各种形式的酬劳。狭义的薪酬指货币和可以转化为货币的报酬。广义的薪酬除了包括狭义的薪酬外，还包括获得的各种非货币形式的满足。

1. 薪酬方案内容

汽车4S店应该建立薪酬方案。在汽车行业里，薪酬方案的类型基本上包括下表所示的4种。

薪酬方案类型及优缺点

类型	说明	优点	缺点
基本工资	基本工资可能是某些公司采取的唯一的奖励方式，就是说只有基本工资，而没有其他形式的奖励	能够使员工在生意不太好、车源不太多的时候留下来	如果员工销售量增加而得不到相应的奖励，可能会引起销售额的下降
提成	提成是以一定的期限为基准，向整车销售人员、维修接待员支付的奖金，以鼓励他向客户进行销售。提成可以是汽车4S店销售额的百分比，或者是汽车4S店销售的毛利润的百分比，也可以是某种销售的规定销售量的百分比。至于修理工的提成，是按他超额完成工时费的能力来计算的	支付提成有可能提高客户付费工时销售额	如果定得太低，对员工起不到激励的作用；定得太高，则会增加汽车4S店的开支。而且员工可能会销售不需要的项目给客户，使客户满意度下降
奖金	付给员工奖金和奖励的目的是为了达到某些特定的目标，它通常是一种长期性奖励方案的一部分，而不是为获得某种效果而设立的短期奖励项目。例如将售后服务部每月利润的一定比例作为每月奖励的一部分支付给员工；如果每月员工付费工时销售额超过规定资金数额的时候，也可以支付维修接待员一定数量的奖金	在实现整个部门一般目标的时候很有效果，支付奖金可以保护部门的利益，因为如果没有达到目标或业绩可以不支付	员工可以努力工作去取得奖金，但是也可以为了取得奖金而走捷径，工作马虎
短期奖金	在限定期限内提供短期奖金，可以鼓励员工提高业绩，或调动其完成特定目标或维修活动的积极性。短期奖金可以是奖品，不一定是现金的形式。例如可以是餐券、旅游、娱乐等，这是非付费形式的奖励。创造性地利用各种形式的奖励方案是非常重要的管理工具	如果没有达到预期业绩，可以不付短期奖金	滥用奖励方案，可能给员工一个错误的信号，或者使员工之间产生隔阂

2. 薪酬设计要求

汽车4S店应按照员工的职位、岗位、工作资历、工作能力等情况制定工资标准，为激励员工，每年对工资都要有一定幅度的上调。当员工连续工作满一定年限后，应该按月在其原有工资的基数上增长一定的数额。

这个工作年限一般以一年为宜，具体的增长数额可以根据汽车4S店的经营业绩、员工的工作时间长短、员工的工作岗位、员工的职位高低以及以往工作表现等确定。

小提示

一般技术类岗位的员工增长数额，在工作时间相同的情况下应比其他岗位的员工高一些，职位高的员工增长数额应高于职位低的员工。

3. 薪酬管理

月底做好统计工作，分析员工个人对汽车4S店的收入贡献率，如有多劳多产者，相应提高工资待遇，对末位者需要警告提示，因为其极有可能是偷懒者，必要时可以解雇。解雇工作消极的员工可以提高整个团队的工作素质。

下面提供一份××汽车4S店薪酬管理制度的范本，仅供参考。

【范本】

××汽车4S店薪酬管理制度

一、总则

① 目的。为了完善公司薪酬分配体系，规范薪酬管理，依据国家劳动法规政策，特制定本制度。

② 薪酬管理原则。本公司的薪酬管理制度贯彻按劳分配、效率优先、兼顾公平的基本原则，在薪酬分配管理中综合考虑相关行业薪情、社会物价水平、员工所在岗位在公司的相对价值以及公司支付能力等因素。

③ 适用范围。本制度适用于与公司签订劳动合同的所有员工。特殊岗位有特殊约定的不受本制度约束。

④ 根据录用、管理、考评、薪酬分配一体化的原则，公司所有人员的薪酬分配统一由人力资源部管理，并实行统一的岗位绩效工资制度。

⑤ 如有特殊情况，经总经理批准后可以不按照此制度执行，但需报人力资源部备案。

二、薪资体制

① 公司所有员工实行岗位绩效工资制。

② 工资构成。

a. 应发工资＝基本工资＋岗位工资＋绩效工资＋福利津贴＋奖金＋其他增加额（－预留工资10%）－考勤扣款－其他扣款。

b. 实发工资＝应发工资－社会保险费－个人所得税。

c.绩效工资=提成工资×绩效分数,参见公司创利部门提成方案和绩效考核制度;其他扣款包括餐费、罚款、工服个人负担部分、培训个人负担部分等;社会保险费包括"五险"中个人负担部分。

d.预留工资:服务经理、服务顾问、车间技师、保险顾问、保险经理、备件部门员工、大客户部门员工、销售经理、销售顾问每月实发工资将预留3%年底发放,发放金额根据工作成绩、秘密采购(汽车厂家对4S店的服务进行考察、评价,结果作为4S店考核的基础分,影响一些优惠政策)成绩、飞行检查(跟踪检查的一种形式,指事先不通知被检查部门实施的现场检查)成绩决定(销售和服务分开考核)。

③ 根据公司的组织机构设置状况,结合各职位在组织中的相对价值制定出《××人员工资标准核定表》。

④ 公司对每位员工的工资保密,所有员工只了解本人的工资,除财务和人力资源部门人员外其他人员一概不了解其他岗位的工资。部门经理只了解本部门内员工的工资情况。员工之间不得相互打听薪资状况,违者立即开除。

三、薪资的计算及支付

① 薪资的核算部门为人力资源部,人力资源部应当于每月15日前(遇休息日提前)完成核算工作。

② 员工日工资计算方法如下。

$$日工资=\frac{基本工资+岗位工资}{本月天数}$$

③ 各部门所提供的绩效考核数据应当于每月5日前(遇休息日提前)交至人力资源部,否则对责任人罚款500元/日。

④ 员工薪资计算日期为当月1日到月末。

⑤ 薪资给付时间为次月20日,遇休息日顺延给付。公司因特殊原因或者不可抗事件不得不延缓工资支付时,应提前通知员工,并确定延缓支付的日期。

⑥ 薪资的发放部门为财务部,员工均需亲自领取本人薪资。

⑦ 领薪本人须将钱数点清,如有疑问或错误应当迅速(5日内)呈报人力资源部核实纠正,以免日久难以核查,经查实当月薪资有误的将在次月薪资中补发,对非当月的原则上一律不予补发。

⑧ 薪资虚报、误算或超领时,当事人发现后必须立即退还,因误算而超付的薪资,人力资源部可向员工行使追索权。

⑨ 经公司同意的培训及教育,公司按规定付给员工薪资。

⑩ 员工请假、加班等工资的核算参照公司考勤制度执行。

⑪ 正式员工离职应提前一个月通知公司,办理好交接手续后方可离职,公司按出勤工作日支付该员工工资并于次月20日结算工资;离职未提前一个月通知公司,当月工资不予结算。

四、试用期薪酬

试用期内员工领取工资的80%,暂不参与绩效考核,也不涉及绩效工资;涉及提成的员工试用期即参加绩效考核核算绩效工资。

五、薪酬调整

① 薪酬在适当期内应予以调整。薪酬调整分为自动调薪、普遍调薪和临时调薪三类。

a. 自动调薪，即员工转正调薪。

b. 普遍调薪是指结合当地物价水平和行业薪酬水平进行工资调薪，调薪比例根据具体情况而定，原则上普调每年一次，每年的3月为薪酬调整月。

$$薪酬增加额 = 原基本工资 \times 调薪比例$$

c. 临时调薪，主要是指由于晋升、调岗、降级等原因引起的不确定调薪，包括外界环境变化或公司经营状况变化的其他调薪。

② 员工调薪须经过规定操作程序，除了公司普遍调薪外，其余所有涉及员工调薪的都须提前填写《薪资调整审批表》。

六、附则

① 本制度自发布之日起实施，原执行薪资等发放办法同时废除。其他相关费用须经财务经理与总经理签批后方可发放。

② 本制度解释权在人力资源部，部分条款修订时，须报总经理批准后方可发布实施。

二、员工绩效考核

汽车4S店应建立完善的内部考核管理制度，对各部门的经营业绩进行考核，同时各部门也应对本部门的员工进行考核。对于考核结果，汽车4S店内部应有完整、科学的奖惩制度，以激励员工为公司做出更大贡献。

1. 考核原则

汽车4S店在实施绩效管理考核时，应坚持一定的考核原则，具体如下表所示。

员工绩效考核的原则

序号	原则	具体说明
1	结合公司发展战略	公司绩效考核的开展需要贯彻落实公司的战略部署，将公司的战略目标和年度经营计划目标层层分解落实到每位员工身上，使绩效目标上下协调一致，促使每一位员工都为公司战略目标和年度经营计划的目标实现承担责任
2	重视被管理者参与	员工是绩效管理的主体之一，强调员工对绩效计划、绩效辅导以及绩效评价和反馈的全程参与。在整个绩效管理的过程中，管理者和被管理者要开诚布公地进行沟通与交流，考核结果要及时反馈给被考核者，肯定成绩，指出不足，并提出今后应努力和改进的方向。发现问题或有不同意见应在第一时间内进行沟通
3	实事求是	考核要以日常管理中的观察、记录为基础，强调以数据和事实说话，对被管理者的任何评价都应有事实根据，避免主观臆断和个人感情色彩
4	定量考核和定性考核相结合	对员工的绩效考核指标应尽可能进行量化考核，以保证考核的客观准确性，对于无法进行量化但需考核的绩效指标，应采用行为化的定性考核方法

2. 考核周期

绩效考核周期可以分年、季度、月、周、日等多种形式。选择什么样的周期取决于汽车4S店的规模、管理幅度、员工的层级、工作性质。

一般来说，层级越高的岗位其考核周期越长，考核频率越低。

① 董事会对总经理的绩效考核一般以年为周期，董事会也会以一个任期作为考核周期，为其设定一些相对长期的指标，但是总经理至少每半年或每个季度要非正式地向董事会报告一次工作进度。

② 中层岗位一般以半年或季度为考核周期，至少每个月要非正式地向主管报告一次工作进度。规模较小的汽车4S店可以要求中层岗位员工每周报告一次。

③ 基层岗位员工，特别是从事管理的基层员工应每日报告一次，但是其考核周期同样也可以是以月、年或半年为单位。

3. 考核形式

绩效考核形式如下。

① 上级评议。

② 同级同事评议（周边考核）。

③ 自我鉴定。

④ 下级评议（下属考核）。

⑤ 外部客户评议。

各种考核形式各有优缺点，在考核中宜分别选择或综合选用。

4. 考核办法

绩效考核办法如下。

① 查询记录法：对员工工作记录档案、文件、出勤情况进行整理统计。

② 书面报告法：部门、员工提供总结报告。

③ 重大事件法（关键事件法）。

5. 绩效反馈

反馈是绩效考核中的最后一个环节，也是最重要的一个环节。绩效反馈的目的是让被考核者了解自己的绩效状况，将管理者的期望传递给被考核者。

（1）绩效反馈的途径　绩效反馈的途径有很多，但其中最直接、最有效的是主管与员工的面谈，通过面谈，不但可以准确地将绩效考核的结果告知员工，更重要的是，在面谈中，主管与员工可以面对面地交流，双方可以针对考核结果，共同讨论研究出改进的方案。

（2）绩效反馈的准备　对于绩效反馈，相应人员要做好相应准备，具体如下表所示。

绩效反馈的准备

序号	准备人员	准备内容
1	管理人员	（1）选择适宜的时间 （2）准备适宜的场地 （3）准备面谈的资料 （4）对待面谈的对象有所准备 （5）计划好面谈的程序
2	员工	（1）准备好表明自己绩效的资料或证据 （2）准备好个人的发展计划 （3）准备好向管理人员所要提的问题 （4）将自己的工作安排好

（3）制订绩效改进计划　考核双方在考核周期内共同制订绩效改进计划也是不可缺少的一环。为了保证绩效反馈面谈所能起到的作用，考核双方应根据被考核者以往绩效情况，共同制订绩效改进计划，其制订步骤如下图所示。

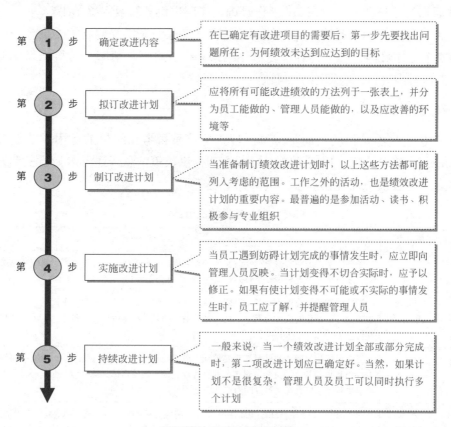

制订绩效改进计划的步骤

（4）考核结果的申诉　考核结果反馈是考核者与被考核者之间有效的沟通手段，它可以准确传达公司对被考核者在工作中值得肯定的业绩和不足之处。

各岗位已有评核结果的定期考核表交给被考核者后，被考核者如对考核过程有异议，可以向上一级主管或人力资源行政部提出申诉。其申诉流程如下图所示。

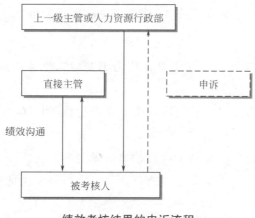

绩效考核结果的申诉流程

人力资源行政部接受申诉后,视情况采取两种处理办法。

第一种,进行调查和协调,如果应维持原考核意见,可通过直接主管用翔实的证据向考核对象说明维持原考核意见的道理,对经复审需做修正的考核结果,也应在修正后由主管收录并通知被考核者。一般在5个工作日内,应向申诉者答复最终结果。

第二种,如果人力资源行政部与部门主管无法解决,则呈绩效管理委员会予以调查和协调,在7个工作日内,向申诉者答复最终结果,申诉日期一般限于考核结果反馈被考核者后3个工作日内进行,逾期不予受理。

6. 考核结果的应用

绩效考核本身不是目的,而是一种手段,应该重视考核结果的运用。绩效考核的结果,可以应用于多个方面,既可为人力资源管理提供决策信息,还可以为员工个人在绩效改进、职业生涯发展方面提供借鉴。具体如下表所示。

考核结果的应用

序号	应用范围	具体说明
1	调薪	考核结果作为绩效薪资、年终奖金分配的依据。根据绩效考核的结果,对绩效结果优秀者加薪,绩效结果差者减薪
2	调岗	绩效结果还可应用于岗位的升降。持续优秀的绩效结果通常证明一个人的绩效能力,当员工取得这样的结果时应考虑其岗位的升迁。对于绩效结果持续较差的员工,则可以调整到较低的岗位上去
3	培训	可以根据绩效考核的结果来安排培训。对于没有完成绩效目标的人员,要有针对性地提供提升能力和技能的培训机会;对于那些很好地完成了绩效目标,被列为企业核心员工的人员也需要提供关于领导力发展等方面的培训机会
4	人员配置	通过对绩效结果的分析,可以对一个员工的优势和不足做出判断,把他放到合适的岗位上去,而当其不能胜任任何工作时,则与他协议解除劳动合同。比如,一个客服专员,如果不擅长与客户沟通,但工作严谨、细心,则可以将他调离客服岗位,而安排其做档案信息的管理工作

下面提供一份××汽车4S店员工考核管理制度的范本,仅供参考。

【范本】

××汽车4S店员工考核管理制度

一、绩效管理目的

① 通过绩效指标体系的设计和考核,使员工明确工作重点,追求工作成果,实现公司目标。

② 通过绩效考核的形式对员工的阶段性工作进行检查和评价。

③ 对上一考核期工作进行总结,为绩效改进及员工发展提供指导和帮助。

④ 通过客观公正的评价,进行合理的绩效奖金分配,树立以业绩为导向的绩效文化。

⑤ 为培训、薪资调整、年度评优、岗位调整、考核辞退提供参考依据。

二、绩效考核原则

① 基本原则:公开、公正、公平。

② 业绩导向原则：关注本岗位业绩指标是否达成，即人与标准比。
③ 要求个人考核以事实和数据反映工作的成效性。
④ 主管对下属的绩效表现负直接责任，下属的成绩就是主管的成绩，主管应通过绩效辅导和过程管理，提高个人的能力及素质水平，以促进持续的绩效改进。

三、绩效考核对象

① 除公司总经理以外所有的转正员工，公司总经理由公司统一考核。
② 试用期内满一个月的新入职员工。

四、绩效考核周期

所有参加考核的员工一律实行月度考核。

五、考核责任

1. 员工

进行个人绩效管理，利用有效的工具和训练不断提高自己的技能及表现，了解绩效管理的操作方法和步骤，收集反映个人绩效的信息和反馈，努力达到较高的绩效目标，取得突破性成就。

2. 直接上级和部门负责人

下属员工绩效管理的直接责任人，掌握绩效管理的工具和技巧，制定下属员工个人的考核指标，观察、记录员工的日常绩效表现，辅导员工进行绩效改进，提供必要的反馈和指导，帮助下属完成绩效计划和达到绩效目标，对下属进行绩效评估，与下属进行持续的绩效沟通。

3. 公司总经理

依据公司年度目标和计划，制订各部门（负责人）的考核指标并进行考核，对各部门的考核结果进行审核，对各部门的工作进行指导，促进整体绩效目标的达成和提高。

4. 人力资源行政部

考核制度的制定与解释、宣传与沟通，考核工作的组织、监控与督导，考核数据整理统计、考核分布状况的审核，结果的应用与反馈，向员工和主管提供指导、支持与培训，受理员工的考核申诉。

六、绩效管理流程

设定绩效目标→绩效辅导与观察→绩效考核与评估→绩效面谈→绩效改进。

1. 设定绩效目标

① 根据公司的年度经营计划目标，由总经理设立各部门月度绩效目标，部门经理将目标分解至基层主管，由基层主管拟定每位员工当月绩效考核目标。
② 由上下级双方经过充分沟通达成共识，在《月度绩效考核任务书》上签字确认。
③ 工作过程中可根据实际需要对任务目标进行必要的调整。

2. 绩效辅导与观察

① 工作目标和计划的实施过程是管理者与员工共同实现目标的过程，日常的绩效辅导是保证绩效目标达成的重要管理步骤，是各级管理者不可推卸的责任。
② 绩效观察，是直接上级有步骤、有方法地观察、收集下属绩效行为和工作结果的过程，是对员工做出绩效评估的基本前提。

3.绩效考核与评估

① 考核结果划分：就各项工作任务目标的完成情况，对下属工作结果进行评分，评分方法参考《月度绩效考核任务书》中的说明。然后按分数排序并根据1～4级绩效定义，得出4个等级的考核结果。

② 1级员工绩效定义：在完成全部考核目标的基础上，对公司团队做出突出贡献的；为公司争得了荣誉或降低了成本的；主动承担额外的工作任务和责任的；能积极主动提升素质技能，使工作绩效有显著提高的。

③ 2级员工绩效定义：完成了全部考核指标，工作积极主动，完成了基于本岗位应知、应会、应做、应想的全部事情，并完全无投诉的。

④ 3级员工绩效定义：没有全部完成考核指标的；无正当理由不服从上级工作安排的；与客户、上下级、同事发生争吵，破坏组织气氛的；不按业务流程操作，造成工作失误或经济损失的。

⑤ 4级员工绩效定义：有重要工作指标未完成的；泄露公司商业秘密或财务秘密的；未能及时解除事故隐患，造成公司财产损失的；不遵守制度流程的；徇私舞弊或贪污公款的；被有效投诉的；考核评分排在公司倒数二名内的。

⑥ 对被评为1～4级的员工，须说明评估理由，并有书面的事实依据。

⑦ 连续三次被评为3级、4级的员工，将被视为不能胜任岗位工作，公司将考虑岗位调整或辞退。

⑧ 考核结果正态分布原则：为保证考核等级有效拉开差距，考核结果一般应遵循以下原则（如下表所示），特殊情况下，如果部门员工考核结果不符合以下比例控制的，部门负责人须特别说明。

考核等级	1	2	3	4
比例分布/%	15	25	35	10

4.绩效面谈

① 绩效面谈是一个双向的、正式的沟通。

② 被评为1～4级的员工，须由其上司（总经理）进行面谈。

③ 每月10日前，人力资源行政经理拟定绩效面谈计划并抄送人力资源部备案。

④ 绩效面谈由人力资源行政经理督导实施、跟踪落实，并负责保管归档面谈记录。

5.绩效改进

① 绩效考核的重点是发现问题、解决问题，不断改进、不断提高。

② 上司必须与下属共同讨论，进行差距分析，制订绩效改进计划，并有责任和义务帮助下属得到切实的改进与提高。

③ 上司、员工本人及所在公司人力资源行政经理应共同监督、检查改进计划是否得到落实和执行。

七、绩效奖金分配

绩效奖金分为两个部分，完成月度目标奖金和年度目标奖金。月度奖金当月考核当月发放。年度奖金经考核后按年底在册员工一次性发放。

八、绩效考核申（投）诉

① 员工可在考核结果公布后的2天内，对存在的分歧向直接上司提出口头申述。上司在给予解释与说明后，仍不能达成一致的，员工可在公布考核结果的3天内填写《员工投诉单》交人力资源行政经理复议处理。人力资源行政经理应在接到投诉单的3个工作日内查明原因并正式书面回复员工，如属直接上司有故意为难、公报私仇等行为的，将对责任人处4级惩罚。

② 如员工仍不认可公司处理决定，由公司人力资源行政部按流程重新予以调查处理。

③ 员工投诉单由人力资源行政经理统一受理，并负责处理结果的归档保管。

汽车4S店

汽车4S店全程运作与创新管理

第三部分

新车销售管理

01 第一章 Chapter One

集客活动

> 展厅是汽车4S店销售活动发生的主要场所，因而，如何吸引足够的客户来到展厅和说服来店客户购买汽车的两方面能力显得异常重要。

一、常用的集客方式

常用的集客方式包括展厅吸引、店内/外活动、电视广告、报纸、杂志、电台广播、电话营销、直邮（DM）、上门访问、他人介绍、短信广告、微信、微博等。

二、集客活动的目标与计划

汽车4S店应结合当地市场环境和公司实况，规划公司年度、季度和月度销售目标，以此为导向总体策划和安排相应的集客活动。同时，要将销售目标与集客活动的任务分解至小组或个人，再由各组或各人安排每日、每月、每季度的集客计划和销售目标。

1. 设定目标与集客计划

① 根据汽车4S店年度销售目标、前几个月的实际销售状况及对公司整个流程执行过程中的监控情况（销售漏斗管理表），确定当月销售目标与集客计划。

② 根据客户关系管理（CRM）系统计算出近三个月整个销售团队的集客成交率（实际成交量/集客人数），再结合展厅销售能力的提升情况（销售能力分析表），确定当月全店的集客目标数量（销售目标/集客成交率）。

③ 销售经理根据"集客渠道成交率分析表"，确定当月汽车4S店集客的主导渠道。

2. 集客目标与计划分解

① 销售经理根据当月汽车4S店总体销售目标及销售顾问的具体情况，将集客目标及销售任务分解落实给每一位销售顾问。

② 销售经理总体策划和安排相应的集客活动，部署每个销售顾问应承担的具体任务，指出业务内容提升目标。

③ 销售顾问填写个人"月工作计划与分析表"，并将此表提报销售经理。

三、集客活动的实施

集客过程中，销售顾问密切注意客户信息的记录和更新，并由销售经理定期进行检查和辅导，实现集客计划的有效开展，进而有利于销售目标的达成。

1. 开展集客活动

① 销售顾问根据个人"月工作计划与分析表"所计划的渠道，主动出击，开展集客活动。

② 填写"销售顾问日活动报表"，提报销售经理。

2. 整理录入客户信息

① 销售顾问将集客过程中获得的客户信息（客户接洽卡），录入客户关系管理系统（客户资料信息与购车意向信息表）。

② 销售经理根据客户关系管理系统记录的相关信息，核查销售集客计划的执行情况与进展，并随时进行指导协调。

3. 分析客户特征，开展一对一的营销计划

① 销售顾问应对客户的特征（如年龄、性别、购买需求、时间等）进行分析，在客户关系管理系统中填写客户活动计划表。

② 依据计划将相关的客户信息打印一份，放在工具包中，以备随时翻阅，掌握相关信息。

③ 销售顾问结合汽车公司产品、服务及市场推广活动等机会对客户进行提醒服务，并用主动出击的销售技巧开展主动的一对一的营销服务。

4. 跟踪执行与总结分析

销售经理根据客户关系管理系统记载的销售团队成员的销售活动记录进行销售总结，并据此调整安排下个月的集客计划，从而形成一个管理闭环。

 相关链接 ▶▶▶

开展集客活动主要渠道

序号	主要渠道	详细内容
1	展厅获取	（1）展厅电话呼入 （2）展厅接待记录 （3）随从人员的机会（对前来询问的信息分析判断，有可能是招标的询价阶段） （4）交车时主动询问（交车区的利用），照片寄送时的询问 （5）维修服务部门的介绍（爱车档案填写） （6）资料寄送的应用（以寄送为理由获得联系方式） （7）……
2	名录获取	（1）国家和地区的统计资料 （2）行业协会的资料

续表

序号	主要渠道	详细内容
2	名录获取	（3）工商企业目录（《开业公告》） （4）信息时代的黄页（网络黄页） （5）加油站的定点客户名单 （6）保险公司（车贷险）客户名单 （7）车改内部通讯录 （8）企业排行榜（商务客户的来源） （9）税务局公布的纳税大户 （10）……
3	介绍获取	（1）客户和朋友介绍——客户答谢会等活动入场券设计为可多人用 （2）不同品牌之间的介绍 （3）出租司机的介绍 （4）俱乐部介绍：高尔夫球会、赛马场、保龄球友会、健身（游泳、台球）俱乐部、校友录自驾游协会 （5）客户名片挖掘 （6）……
4	活动获取	（1）公关、赞助（赛事命名） （2）促销活动：技术支持和售后服务活动 （3）市场调研活动 （4）展会（车展、汽车工业展）问卷调查回收 （5）他业的展览（房地产、机电） （6）小区（车改单位、大型企业、驾校）巡展 （7）车友会讲座，维护 （8）……
5	协作获取	（1）与媒体（专业或非专业电视、报纸、杂志、互联网等）合作 （2）向车管所、驾校等寻求介绍，获取信息 （3）与销售同行（同业，保险、房地产）分享信息资源 （4）与金融、保险、电信、酒店单位合作 （5）对驾校教练进行公关，提供展板、橱窗 （6）……
6	随机获取	（1）出行打车和出租车司机接触 （2）身边的谈话、活动（遍地撒网） （3）网络ID的取名、设计 （4）潜在客户聚集的地方（网上车友会，论坛） （5）同学聚会，朋友联欢 （6）公寓、商场、超市停车场发名片 （7）路边的广告牌（录音笔的应用）

02 第二章 | Chapter Two

展厅接待

> 在汽车4S店中,客户可以在展厅中对汽车4S店中的产品进行了解和体验,同时,也能感受到汽车4S店的服务态度,而这一切,都离不开展厅接待,做好展厅接待对汽车4S店销售工作的进行至关重要。

一、展厅接待的目的

一般来说,汽车4S店展厅接待的目的如下图所示。

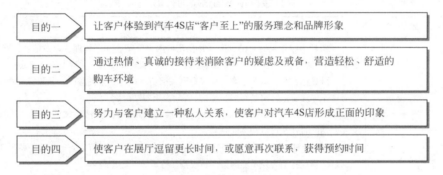

汽车4S店展厅接待的目的

二、接待前准备

1. 办公区或洽谈区

① 桌面整理干净(基本是空的),可布置点装饰品如鲜花等,保持室内空气清新自然。
② 计算机开机,随时方便输入客户信息或调出客户档案等。
③ 准备好饮水机、饮品、杯子、糖果、雨伞等。
④ 准备名片、洽谈记录本、笔等。
⑤ 查看商品车库存(品种、颜色、数量、优惠标准等)情况及即将到货情况。
⑥ 浏览当月工作计划与分析表。

2. 展车

① 展车清洁。该项工作要落实到销售顾问每个人头上,保证时刻保持清洁,车内空气清新。
② 展车门不上锁,方便来客进入车内观看、动手体验。

3. 销售顾问工具包

每个销售顾问都必须配备，而且随身携带。工具包内的物品类别及内容如下表所示。

工具包内的物品

序号	类别	具体内容
1	办公用品	办公用品是指计算器、笔、记录本、名片（夹）、面巾纸
2	资料	资料是指公司介绍材料、荣誉介绍、产品介绍、竞争对手产品比较表、媒体报道剪辑、用户档案资料等
3	销售表	销售表是指产品价目表、（新、旧）车协议单、"一条龙"服务流程单、试驾协议单、保险文件、按揭文件、新车预订单等

三、接待情境应对

展厅内接待要根据情境而采取适当的行动，如下表所示。

展厅接待中不同情境的行动

序号	情境	适当的行动
1	客户进入展厅	（1）30秒内察觉到客户的到来，并在几秒内大脑就要加工处理客户的信号，依据其衣着、姿态、面部表情、眼神等，评估出客户的态度、购买倾向等，注意不要以貌取人 （2）目光相遇时，点头示意，如客户点头回应，应即刻上前接待，如果客户视而不见，且直奔展车专注看车，可给客户1～2分钟的自由看车时间 （3）面带微笑，目光柔和注视对方，以愉快的声调致欢迎词"欢迎光临，我是销售顾问××，请问有什么可以帮助的吗？" （4）和每个来访者必须在2分钟内打招呼并进行交谈，并可适当地交流一些与车无关的其他话题，借此打消客户本能的警惕和戒备，拉近彼此心理距离 （5）礼貌、热情，所有员工与客户目光相遇时皆应友好地点头示意，并打招呼"您好！"良好的第一印象有助于增强客户对于品牌、公司和个人的信任，为后续放松、深入的交谈奠定坚实的基础 （6）如客户是再次来展厅的，销售顾问应该用热情的言语表达已认识对方，最好能够直接称呼对方。如"张女士，您来了，上次的桂林旅游收获很大吧？"或"张女士，您来了，头型换了，好漂亮啊！"等
2	客户要求自行看车或随便看看时	（1）回应"请随意，我愿意随时为您提供服务" （2）撤离，在客户目光所及范围内，随时关注客户是否有需求 （3）在客户自行环视车辆或某处10分钟左右，仍对销售顾问没有表示需求时，销售顾问应再次主动走上前"您看的这款车是××，是近期最畅销的一款……""请问……" （4）未等销售顾问再次走上前，客户就要离开展厅，应主动相送，并询问快速离开的原因，请求留下其联系方式或预约下次看车时间
3	客户需要帮助时	（1）亲切、友好地与客户交流，回答问题要准确、自信，充满感染力 （2）提开放式问题，了解客户购买汽车的相关信息，如××车给您的印象如何？您理想中的车是什么样的？您对××产品技术了解哪些？您购车考虑的最主要因素是什么？（建议开始提一些泛而广的问题，而后转入具体问题） （3）获取客户的称谓："可以告诉我，怎么称呼您吗？"并在交谈中称呼对方（李先生、杨女士等） （4）主动递送相关的产品资料，给客户看车提供参考 （5）照顾好与客户同行的伙伴 （6）不要长时间站立交流，适当时机或请客户进入车内感受，或请客户到洽谈区坐下交流

续表

序号	情境	适当的行动
4	客户在洽谈区	（1）主动提供饮用的茶水，递杯时，左手握住杯子底部，右手伸直靠到左前臂，以示尊重、礼貌 （2）充分利用这段时间尽可能多地收集潜在客户的基本信息，尤其是姓名、联系电话，如请潜在客户填写"客户接洽卡"。填写接洽卡的最佳时机是在同客户交谈了一段时间后，而不是见面后立即提出请求。可以说"麻烦您填一下这张卡片，便于今后我们能把新产品和展览的信息通知您" （3）交换名片。"很高兴认识你，可否有幸跟您交换一下名片？这是我的名片，请多关照"；"这是我的名片，您可以留一张名片给我吗？以便在有新品或有优惠活动时，及时与您取得联系" （4）交谈时，除了谈产品以外，寻找恰当的时机多谈谈对方的工作、家庭，或其他感兴趣的话题，建立良好的关系 （5）多借用推销工具，如公司简介、产品宣传资料、媒体报道、售后服务流程，以及糖果、小礼物等
5	客户离开时	（1）放下手中其他事务，陪同客户走向展厅门口 （2）提醒客户清点随身携带的物品以及销售与服务的相关单据 （3）递交名片，并索要对方名片（若以前没有交换过名片） （4）预约下次来访时间，表示愿意下次造访时仍由本销售顾问来接待，便于后续跟踪 （5）真诚地感谢客户光临本店，期待下次会面。在展厅门外，挥手致意，目送客户离去
6	客户离去以后	（1）将车辆调整至最初规定位置并进行清洁 （2）洽谈桌、水杯等卫生细节的清理、清洁 （3）整理客户信息，并在客户关系管理系统中建立客户档案，即通过点击"销售机会"添加客户信息 （4）更改客户信息可在客户关系管理系统中通过点击"销售机会"或"我的客户"来实现 （5）制订下一步联系计划，并在"活动计划"窗口中编辑 （6）自我着装、情绪调整到最佳状态，准备接待其他客户

03 第三章 Chapter Three

客户需求分析

> 营销是满足消费者需求的过程，但是在满足消费者的需求之前，更重要的是要找到消费者在哪里，他们是什么样的人，他们的年龄怎么样，喜欢在什么地方出入，拥有什么样的购车偏好，有着怎样的价值观和产品评价标准等，也就是对消费者的需求进行分析。

一、需求分析的目的

① 切实了解客户购买汽车的需求特点，为推荐、展示产品和最终的价格谈判提供信息支持。

② 让客户体验到汽车4S店"客户至上"的服务理念和品牌形象。

二、了解客户的需求

1. 观察的重点

观察的重点主要在下图所示的几个方面。

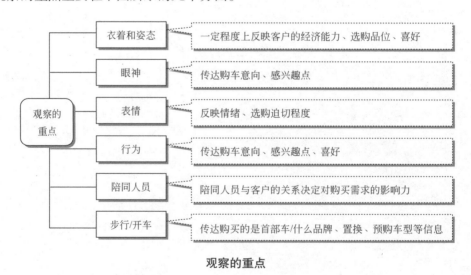

观察的重点

2. 询问技巧

（1）开放式询问　这种询问适用于希望获得大信息量时。客户信息了解得越多，就越有利于把握客户的需求。开放式询问可采取5W1H的方式。

谁（Who）：您为谁购买这辆车？

何时（When）：您何时需要您的新车？

什么（What）：您购车的主要用途是什么？您对什么细节感兴趣？

为什么（Why）：为什么您一定要选购三厢车呢？

哪里（Where）：您从哪里获得这些信息的？您从哪里过来？

怎么样（How）：您认为××车动力性怎么样？

（2）封闭式询问　即所提的问题，对方可以直接给出肯定或否定的答案，适合于获得结论性的问题。如你喜欢这辆××车吗？我们现在可以签订单吗？

3. 倾听

倾听也是了解客户需求的方式，在倾听时要注意以下事项。

① 创造良好的倾听环境，没有干扰，空气清新，光线充足。

② 眼睛接触，精力集中，表情专注，身体略微前倾，认真记录。

③ 用肢体语言积极回应，如点头、眼神交流等和用感叹词（唔、啊）。

④ 忘掉自己的立场和见解，站在对方角度去理解对方、了解对方。

⑤ 适度地提问，明确含糊之处。

⑥ 让客户把话说完，不要急于下结论或打断他。

⑦ 将客户的见解进行复述或总结，确认理解正确与否。

4. 综合与核查客户需求

听完客户的陈述，要总结归纳其主要需求，并以提问的方式确认你的理解是否正确。

三、需了解的信息

需了解客户需求信息如下表所示。

需了解客户需求信息

项目	信息内容	分析	主攻角度
购买愿望	对车辆造型、颜色、装备的要求	品牌、车型	时尚、声誉、舒适、安全
	主要用途、年行驶里程	品牌、车型	底盘、发动机、操控性、安全、舒适、经济
	谁是使用者	品牌、车型	女：时尚、操控便利、健康、舒适、安全、经济 男：操控性、动力性、安全、舒适、声誉
	对××品牌车的了解程度	品牌倾向	品牌价值、品牌口碑、品牌实力
	选购车时考虑的主要因素	购买动机	时尚、声誉、安全、舒适、经济、健康、同情心
个人信息	姓名、联系方式	—	—
	职业、职务	品牌、车型	声誉、赞美、感情投资
	兴趣爱好	品牌、车型	操控性、动力性、投其所好
	家庭成员	—	内部空间、后备厢、感情投资、舒适性

续表

项目	信息内容	分析	主攻角度
使用车经历	品牌、车型	品牌、车型	（1）同品牌——产品升级 （2）不同品牌——品牌价值/品牌口碑/品牌实力 （3）旧车满意之处——××品牌新车有提高 （4）旧车不满意之处——××品牌新车早改善或不存在
	当初选购的理由	—	
	不满意的因素	品牌、车型	
购买时间	—	重要程度	早买早享受、价格已国际接轨、后续跟踪

四、分析客户的需求

通过交流，在获得大量信息的基础上，进行分析，提炼出客户一两个主要购买动机，并通过询问来得到客户的确认。再结合汽车4S店现有车型的产品定位，进行有针对性的产品推荐。

第四章 Chapter Four

车辆展示

一、新车展示的目的

① 通过全方位车辆展示来突显汽车的品牌特点,使客户确信汽车产品的物有所值,为促成交易奠定基础。

② 通过有效的产品说服和异议处理来解决客户对于产品及服务的问题与困惑,进一步满足客户的购买需求。

③ 让客户体验到汽车4S店"客户至上"的服务理念和品牌形象。

二、展示汽车的操作步骤

展示汽车的操作步骤,如下图所示,应按图中数字顺序依次进行。

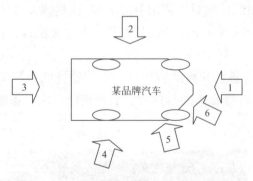

展示汽车的操作步骤

1. 正面介绍

当客户接受你的建议,愿意观看你推荐的车款的时候,到底应该从哪里开始?下图的位置应该是你开始的位置。

主要介绍内容包括前车灯特性、车身高度、挡风玻璃、通风散热装置、越野车的接角、大型蝴蝶雨刷设备、品牌特征、保险杠设计等。

正面介绍

2. 车身左侧面介绍

到达下图中的位置时，客户开始进入状态，根据客户的深层需求，有针对性地介绍车的左侧面。

车身左侧面介绍

主要介绍内容包括汽车的特性、车身高度、侧面的安全性、通风散热装置、侧面玻璃提供的开阔视野等。

3. 车身后部介绍

带领客户到达了下图的位置时，切记要征求客户的意见，如果客户有额外的问题，请他们在你全面介绍后仔细回答。下图中的位置是一个过渡位置，但是，车的许多附加功能可以在此介绍。

主要介绍内容包括后备厢开启的方便性、存放物体的容积大小、汽车的扰流板（尾翼）、越野车的离去角、后排座椅的易拆性、后视窗的雨刷、备胎的位置设计、尾灯的设计等。

车身后部介绍

4. 车身右侧面（近距离）介绍

到达下图的位置时，争取客户参与你的介绍过程，邀请他们开门、触摸车窗、轮胎等。因为这个位置是一个过渡，要引导客户到车里体验一下，如果客户本人就是未来这辆车的驾驶员，那么邀请他到驾驶座位上，如果不是驾驶员，也许你应该邀请他到其他的座位上体验车辆的豪华、设计的独特等。

车身左侧面（近距离）介绍

5. 车内位置介绍

下图的位置是变化的。如果客户进入车内的乘客位置，你应该给予细致的解释，注意观察客户感兴趣的方面。如果客户要求坐到驾驶位置上，你应该采用蹲跪的姿势向客户解释各种操作方法。

主要介绍内容包括座椅的多方向调控、方向盘的调控、雨刷器的操作、挂挡、仪表盘视野、腿部空间的感觉、气囊、安全带、制动系统、音响、空调、车门的控制等。

车内驾驶位置介绍

6. 发动机介绍

下图的位置是你开始介绍车辆发动机动力的时候。介绍一辆车的时候，发动机的动力表现是非常重要的一个方面。在此位置，将前盖示范地打开。根据客户的情况把握介绍的内容。而且，一定要征求客户的意见，是否要介绍发动机。

主要介绍内容包括发动机布局、添加机油等液体的容器、发动机悬挂避振设计、节油方式、环保设计、排气环节、散热设备的设计与摆放等。

汽车销售顾问要根据客户的理解能力和接受程度来决定讲解是专业化一点还是通俗化一点。通常对于女士、非专业人士可以适当通俗一点，对于男士、专业人士可以相对专业一点。

发动机介绍

三、车辆展示的操作要点及注意事项

1. 将车的性能转换为客户利益

销售顾问与客户之间就是一种你来我往的交流和沟通。不断地给客户以肯定，不断地向客户传递产品的价值。性能不是自动销售出去的，将性能转换为利益才是销售顾问应该追求的最高境界。寻找客户关心的产品性能，而且及时、准确地将产品性能通过利益的手法介绍出来，并且使用比喻、描述等方法来强化客户得到的利益，为以后协商价格留下足够的空间。用客户的利益来强化产品的价值，如下图所示。

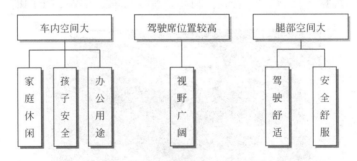

将汽车性能转换为客户利益

2. 迎合客户需求，有的放矢地展示利益

① 对于客户表明的需求，应该首先是赞同这些关心是合理的，或者重复一遍客户的问题，以引起客户的注意。这将帮助你建立与客户的友善关系，拉近彼此的距离。

② 用形象化、具体化、生动化的方式来介绍性能。

③ 回避争议，强调客户的利益和产品的价值。

④ 熟知产品知识，但不要什么都说，有选择地说才有效。

3. 注意采用"体验式"的方法

避免在洽谈桌上讲解车辆，用实车展示，来调动客户的所有感官——看到、听到、触摸到、操作到。同时,要设法使客户同行的伙伴都参与到车辆展示中来,并给予必要的尊重和适度的赞美,使他们满意或许能够加速客户购买进程。

4. 把握客户的重点和关键

不同客户对汽车性能的关注内容如下表所示。

不同客户对汽车性能的关注内容

序号	客户类型	关注重点内容
1	成功人士	豪华、舒适、加速性能、越野性能
2	工薪阶层	价格、油耗、维修费用、实用
3	白领阶层	造型、色彩、新概念、价格
4	男性	造型刚毅、功率、速度、越野、转向
5	女性	安全、储物空间大、造型时尚、内饰
6	熟悉汽车者	发动机功率、扭矩、气门数量、其他新技术
7	不熟悉汽车者	外观、内饰、仪表盘、灯具

05 第五章 | Chapter Five

试乘试驾

一、试乘试驾的目的

① 通过直接的驾驶体验，使客户对汽车有一个感性的切身体会，尤其是体验各种车况与路况下的不同感受。

② 强化客户对于汽车各项功能的实际驾驶印象，增强购买信心。

③ 使客户产生拥有这辆汽车的感觉，激发客户购买冲动以促成交易。

④ 让客户体验到汽车4S店"客户至上"的服务理念和品牌形象。

各种车况与路况下的体验重点如下表所示。

各种车况与路况下的体验重点

体验阶段	体验重点
启动与急速	音响、空调等需发动机启动后才可使用的功能，体验急速静肃性
起步时	体验发动机加速性、噪声、功率/扭矩的输出、变速器的换挡平顺性
直线行驶	体验室内隔音、音响效果、悬挂系统的平稳性
减速时	体验制动时的稳定性及控制性
再加速时（依车速选择适当的挡位）	体验传动系统灵敏度、变速器换挡的平顺性及灵活性、发动机提速噪声
高速行驶	体验风切噪声、轮胎噪声、起伏路面的舒适性、方向盘控制力
上坡时	体验发动机扭矩输出、轮胎抓地性
转弯时	体验前挡风玻璃环视角度、前座椅的包覆性、方向准确性（悬挂系统与轮胎抓地力）
行经弯道时	体验转弯时车辆的操控性及油门控制灵敏性
空旷路段	体验行驶中使用方向盘上的音响/空调/电话控制键的便利与安全性

二、试乘试驾的准备工作

试乘试驾的准备工作如下表所示。

试乘试驾的准备工作

序号	准备工作	具体说明
1	准备必要的资料	（1）车辆行驶证、保险单 （2）试驾预约记录单 （3）试驾协议书
2	试驾车辆管理与准备	（1）汽车4S店应准备试乘试驾专用车，尤其是新车上市期间 （2）由专人负责，保证车况良好（各种功能、空调、轮胎气压、车灯、收音机、CD等），保证数量，且加满油 （3）车辆整洁、清新、无异味；车里不放有私人物品，桌椅带座套，车内可放有脚垫 （4）车辆座椅、方向盘调整到规定位置（参照新车展示） （5）其他（如以客户喜好准备相应的CD碟临时牌照、保险等）
3	试驾行驶路线的确定	（1）试驾行驶路线应能够充分展示汽车性能和特色，尽可能避开交通拥挤时段或路段 （2）实地查看路况是否正常，如是否修路、改道等状况 （3）将试驾路线制成路线图
4	主动邀请客户试乘试驾	（1）确定时间，提醒带驾照 （2）询问有何特殊需要、试驾者的驾驶技能及是否有家人（他人）陪伴等

三、试乘试驾的操作要领

试乘试驾的操作要领如下表所示。

试乘试驾的操作要领

序号	阶段	操作要领
1	试驾前	（1）给客户讲解试驾流程和相关规定，并由试驾者签署试驾协议 （2）登记驾驶证，填写相关信息。驾驶证复印存档 （3）介绍行驶路线 （4）指导客户调整各项装备，例如座椅、方向盘、后视镜、空调、音响等 （5）解释基本功能和指示器（尤其是该车型的特别地方，如倒挡位置） （6）车内准备水、纸巾，方便客户使用 （7）如果由其他工作人员陪同试乘试驾，销售顾问应向客户介绍，以方便沟通 （8）出发前，提醒客户系好安全带
2	试乘试驾中	（1）开始由销售顾问先开第一段路，边示范、边讲解，让客户充分感受该车的优势 （2）选择安全地点换手，将车熄火，手刹拉起，并移交给客户 （3）指导客户重新调整座椅、方向盘、后视镜等，使其产生已拥有的感觉 （4）驾驶过程中简要提醒客户体验的重点内容，以强化感受（如提速并没有提高噪声） （5）销售顾问应关注并记下客户的个性化要求 （6）提醒客户在驾驶中注意安全（如前边有弯道，请注意减速行驶） （7）当客户有危险、违章动作和行为时，果断采取措施，并请客户在安全地点停车 （8）向客户讲解保障安全的重要性，取得客户的理解 （9）改试驾为试乘，由销售顾问驾驶返回
3	试驾后	（1）提醒客户携带好随身物品，以免遗忘在车内 （2）引导客户回到展厅洽谈区，提供免费饮品 （3）询问客户试驾的感受并填写试驾意见调查表（如您觉得乘坐的空间如何） （4）对于客户试驾中的个性化要求进行重点解释以及异议处理，以进入报价阶段

06 第六章 Chapter Six

达成交易

一、报价

客户在试乘试驾之后,对汽车便会有进一步的认识。此时,汽车4S店销售顾问可以寻找适当机会报价和达成协议。

1. 报价前的准备

汽车4S店销售顾问在报价前需要做好准备,这样可以提前预防应对客户因为价格而存在的异议与犹豫,促使客户更加坚定地做出购车的决定。

① 汽车4S店销售顾问要保证有一整套完整的材料以完成这笔交易,所有必要的文件都应用一个写有客户姓名的袋子装起来。同时准备好所有必要的工具,如计算器、签字笔、价格信息和利率表。

② 熟悉其他品牌店汽车的价格、优惠等竞争情况。

③ 了解潜在客户的基本信息,确定客户正确的姓名、工作及家庭地址、电话号码。确定谁是名义上的购买者以及由谁支付款项。

④ 注意搜集其他与客户有关的一般信息,包括具有影响力的人、重要事件(生日、周年纪念)、入学情况、最近住所的变化、居住条件的变化等,判断这些信息对客户接受汽车价格的影响。

2. 说明产品价格

报出汽车产品价格是一个很关键的环节,这个时候一定要努力把控客户的心理,促使交易达成。说明价格后可注意以下一些事项。

① 请客户确认所选择的车型,以及保险、按揭、"一条龙"服务等代办手续的意向。

② 根据客户需求拟订销售方案。

③ 对报价内容、付款方法及各种费用进行详尽、易懂的说明,耐心回答客户的问题。

④ 说明销售价格时,再次总结产品的主要配备及客户利益。

⑤ 详细说明车辆购置程序和费用。

⑥ 让客户有充分的时间自主地审核销售方案。

3.询问客户意向

汽车4S店销售顾问要询问客户是否有购买意向。

① 确认客户所购车型,以及保险、装饰、按揭、上牌等代办意向。

② 客户有时不能准确意识到自己的其他需要(如装潢),汽车4S店销售顾问应该提醒客户并讲解其带来的好处。

③ 根据客户需求填写报价单,并给予讲解。

④ 适度压力推销,如车颜色短缺、懂车的人都喜欢这款车型、近来这款车型走得快、当天提车可以享受优惠等。

二、客户异议处理

报价后,客户的异议可能会在这个阶段全面爆发。客户的异议或抗拒往往都是在其考虑到将要拥有产品时必须要付出的代价时产生的,汽车4S店销售顾问应考虑到客户的实际需求以及所关心的问题。在议价成交的过程中,汽车4S销售顾问的专业素养和积极想要达成成交的信念是必要的条件。

1.客户异议类型

汽车4S店销售顾问应认真辨别客户经常提出的异议类型,对这些类型采取有针对性的行动,具体如下表所示。

客户异议类型

序号	类别	具体说明
1	真异议	真异议是指客户认为目前没有需要或对汽车4S店销售顾问销售的产品不满意。真异议有两种处理方式:立即处理和延后处理
2	假异议	假异议通常可以分为两种,一种是指客户找借口,或用敷衍的方式应付汽车4S店销售顾问,目的是不想将自己的需求告诉汽车4S店销售顾问;另一种是客户提出许多异议,但这些异议并不是他们真正在意的问题。汽车4S店销售顾问一定要能够快速、正确地区分这些假异议,找到客户需求作为突破口,说服客户达成交易
3	隐藏的异议	隐藏的异议是指客户并不把其真实异议说出来,其目的是要借此假象达成隐藏异议解决的有利环境。在这种情况下,汽车4S店销售顾问应引导客户将其需求表达出来,投其所好去说服客户达成交易

2.客户异议处理步骤

客户的问题和异议提供了成交的机会,汽车4S店销售顾问要能把握机会,耐心聆听并解答客户异议,为客户提供满意的答案。有效解决客户异议的步骤如下图所示。

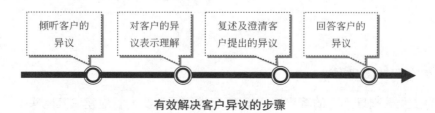

有效解决客户异议的步骤

（1）倾听客户的异议　汽车4S店销售顾问应耐心倾听客户说明异议，使客户感觉到自己是受重视的。通过倾听，汽车4S店销售顾问可以弄清楚客户的反对意见是真实的还是一种拒绝的托词。如果是真实的就应该马上着手处理；如果仅是一种拒绝的托词，就应挖掘客户的深层意思了。

（2）对客户的异议表示理解　如果客户提出的异议是合情合理的，汽车4S店销售顾问在表示理解的同时，可以用以下的话语来回应客户："我明白您为什么有这样的感受，其实很多客户最初也有和您一样的感受，但是一旦了解了这款车的性能，他们就会发现这款车的使用功能和购买利益。"这种表述的目的在于，承认客户对某个问题的忧虑，但却没有表示赞同或表现出防卫意识。

（3）复述及澄清客户提出的异议　汽车4S店销售顾问可复述并澄清客户提出的异议。例如，复述客户的异议："您的意思是说这款汽车的价格太高，这就是您不愿意购买的原因吗？"如果客户回答"是"，则提出与之相应的购买利益；如果感觉到客户还有其他顾虑，则继续通过开放式的问题进行了解。复述异议不仅能够表明汽车4S店销售顾问一直在认真倾听客户说话，同时还能给自己多留一些思考的时间。

（4）回答客户的异议　客户希望汽车4S店销售顾问认真听取自己的异议，尊重自己的意见，并且希望汽车4S店销售顾问及时做出令人满意的答复。但是，在某些特殊情况下，汽车4S店销售顾问可以回避或推迟处理客户异议。

三、促成交易

汽车4S店销售顾问经过了前面的种种努力，最后是为了达到交易的目的。因此，如何促成交易，就成为汽车4S店销售顾问必须掌握的一项技能。

当客户有购买意向时，汽车4S店销售顾问要主动出击，提出成交建议，以便达成交易。

1. 做好准备事项

汽车4S店销售顾问在建议客户成交前，需要做好各种准备事项，具体如下图所示。

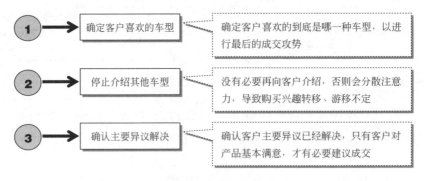

建议成交准备事项

2. 引导客户做出决定

对没有主见、摇摆不定的客户，汽车4S店销售顾问要大胆地建议其购买。

如果客户请汽车4S店销售顾问帮忙挑选,就要尽心尽力做好参谋,要根据客户要求和汽车实际情况帮助客户挑选。但是不要替客户承担决策责任,要以建议的口吻帮助客户做出决定。

3. 提出成交建议

汽车4S店销售顾问要把握任何可以提出成交的时机,一般在讲述完每一个销售重点或重大异议解决后,可以向客户提出成交建议。

四、达成交易

1. 车辆选择

汽车4S店销售顾问要向客户确认其意向购买汽车的车型、颜色、装备等。

2. 说明销售价格

汽车4S店销售顾问在客户确定好车型后,要详细向客户说明销售价格。
① 请客户确认所选购车型,以及是否需要提供保险、按揭、上牌"一条龙"服务。
② 根据客户需求拟定销售方案,制作"商谈备忘录"。
③ 对报价内容、付款方式及各种费用进行详尽说明。
④ 留给客户充分的时间审阅"商谈备忘录",并耐心回答客户问题。
⑤ 说明价格时,再次总结产品主要配置及客户利益。
⑥ 重复关键内容,并确认客户完全明白。

3. 签订合同

当客户决定购买之后,汽车4S店销售顾问就可以与客户签订合同,在签订合同前要逐条向客户解释合同条款,并取得客户认同,避免将来与客户发生争议。

07 第七章 | Chapter Seven

交车验车

一、交车前准备

汽车4S店销售顾问在交车前要做好下图所示的各项准备工作。

交车准备工作

1. 与客户沟通

汽车4S店销售顾问在交车前要先与客户就交车的各项事宜进行沟通,以保证交车过程能够顺利完成。

汽车4S店销售顾问首先要与客户确定好交车的日期,这样方便双方的时间安排。汽车4S店销售顾问确认交车日期需注意的事项如下图所示。

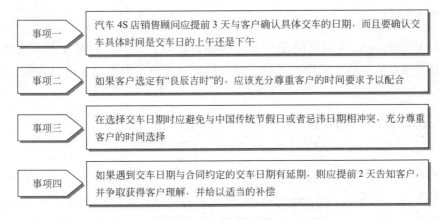

确认交车日期需注意的事项

2. 文件准备

汽车4S店销售顾问在交车前,需要准备的文件如下表所示。

交车前需准备的文件

序号	文件类型	具体说明
1	商业票据类	收费凭证、发票、合同或协议、完税证明、保险凭证、尾款结算单据等
2	随车文件类	使用手册、保修保养手册、使用光碟、合格证、出厂车检验单、车架号、发动机号拓印本、回函等
3	商务活动类	销售经理、销售顾问、服务经理和服务顾问的名片等
4	交车工具类	交车确认单据、PDI(售前检测证明)检查表格
5	增值服务类	售后服务介绍资料、车友俱乐部介绍资料、试乘试驾联谊卡、资料袋等

3. 车辆检查

汽车4S店销售顾问在交车前,要对所交车辆进行重点检查。

① 漆面划伤、剥落、凹凸痕、锈点、饰条。
② 内外观划刮伤、缺装品或松脱处、缝隙大小和均匀度等。
③ 电线束的束紧和吊挂。
④ 车窗、车厢、引擎盖及后备厢等是否污脏。
⑤ 有没有不必要的标签或会扎人的物品。
⑥ 汽油箱内至少有1/4箱汽油。
⑦ 必须经过实际操作,保证所有功能正常。

4. 场地准备

交车场地5S检查,保证交车场地的干净整洁。交车区出口前面无任何障碍物,方便客户驾驶新车离店时不受任何影响;布置交车背景板。在展厅入口处放置"××提车"欢迎牌,在欢迎牌上书写来提车的客户姓名。在交车区悬挂LED交车横幅,准备大红花、红丝带、交车贵宾胸卡、照相机、三脚架、销售顾问随身小抹布。

5. 店面布置

汽车4S店销售顾问要做到店面交车区明亮、整洁、清新,同时要备有桌椅、饮料、点心等,以方便在愉悦的气氛中将各种车辆资料交给客户,提高交车的满意度。

二、提车前相关事宜

1. 车辆确认

客户到店后,汽车4S店销售顾问应带客人查看新车,请客户确认新车型号及配置与之前选定的车辆是否一致。确认客户需要的精品已经安装完好,能正常、顺畅使用。请客户绕车检查外观是否清洗到位,再检查车内和发动机舱的清洁是否满足其要求。询问客户是一起对新车做PDI检查还是由售后服务技师单独做PDI检查。如果由服务技师单独做PDI检查,则陪同客户到休息区休息。最后请客户在PDI检查表上签字。

下面提供一份PDI检查表的范本,仅供参考。

【范本】

PDI检查表

车型代码	底盘号	发动机号	经销商代码	交车日期

1	发动机号、底盘号、车辆标牌是否清晰,是否与合格证号码相符	
2	发动机号、底盘号、车辆标牌是否符合交通管理部门规定	
3	核对随车文件(与上牌照相关文件)是否正确	
4	目视检查发动机舱(上部和下部)中的部件有无渗漏及损伤	
5	检查发动机机油油位,必要时添加机油	
6	检查冷却液液位(液位应达Max标记)	
7	检查制动液液位(液位应达Max标记)	
8	检查助力转向液压油油位(油位应达Max标记)	
9	检查蓄电池状态、电压、电极卡夹是否紧固	
10	检查前桥、主传动轴、转向系统及万向节防尘套有无漏油或损伤	
11	检查制动液储液罐及软管有无渗漏或损伤	
12	检查车身底板有无损伤	
13	检查轮胎、轮辋状态,调整轮胎充气压力至规定值	
14	检查车轮螺栓及自锁螺母拧紧力矩	
15	检查底盘各可见螺栓的拧紧力矩	
16	检查车身漆面及装饰件是否完好	
17	检查风窗及车窗玻璃是否清洁、完好	
18	检查座椅调整、加热、后座椅折叠功能及安全带功能	

续表

19	检查方向盘调整功能及燃油箱盖开启功能	
20	检查内饰各部件及后备厢是否清洁、完好	
21	检查所有电器、开关、指示器、操纵件及车钥匙的各项功能	
22	检查前后刮水器各挡功能、雨量传感器功能及调整清洗液喷嘴喷射角度	
23	检查车内照明灯、警报灯、指示灯、喇叭及前大灯调整功能	
24	检查电动车窗升降、中央门锁及天窗开关功能	
25	检查车外后视镜调整、内后视镜防眩目功能	
26	检查收音机功能,将收音机密码贴于收音机说明书上,校准时钟,维修保养间隔显示归零	
27	检查空调功能,将自动空调的温度调至22摄氏度	
28	查询各电控单元故障存储	
29	检查钥匙、随车文件、工具及三角警示标牌是否齐全	
30	装上车轮罩、顶棚天线及脚垫	
31	除去前轴减振器上的止动器(运输安全件),取下车内后视镜处的说明条	
32	检查发动机、变速箱、制动系统、转向系统、悬挂系统等功能	
33	除去车内各种保护套、垫及膜	
34	除去车门边角塑料保护膜	
35	填写"保养手册"内的交车检查证明,加盖经销商PDI公章	

本车已按生产厂规定完成交车前检验,质量符合生产厂技术规范。

经销商签字:＿＿＿＿＿＿＿＿＿　　　用户签字:＿＿＿＿＿＿＿＿＿

白色联:经销商保留　　　　　　粉色联:用户保留

2. 结清尾款

在交车前汽车4S店销售顾问应先让客户结清需缴纳的尾款,具体事项如下。

① 在购车结算清单上列明所有应交纳款项,与客户一一核对,并提供有关凭证和票据,确定最终金额。

② 陪同客户到财务部门结清款项。

③ 询问客户付款方式,如果是现金支付,应该在点清现金后报数与客户核对;如果是刷银行卡则应与客户核对数额,再确认付款。

3. 凭证票据

① 在客户结清款项后,财务人员应该询问客户对开票是否有其他要求。

② 根据客户的开票要求,尽量满足,如果不能满足的,则给予解释说明,不能无理由而直接生硬地拒绝客户的要求。

③ 向客户开具有关票据,并就票据与客户进行核对,清点票证齐全,一起交给客户。

4.领取随车文件

结清款项后,财务部门开具随车物料领取通知单;汽车4S店销售顾问安排客户到休息区休息后,凭随车物料领取通知单到仓库领取随车物料;随车物料一般有合格证、产品使用说明书、保修手册等资料。

5.清点随车工具

与客户清点随车工具,一般有千斤顶、三角牌、螺栓套筒、牵引拉钩等。清点交接完随车工具之后,请客户在"交车确认表"上签字确认。

三、陪同客户提车

汽车4S店销售顾问要陪同客户一起去提车,主要包括以下事项。
① 填写"车辆出库单",将车辆停放在指定交车位置并准备好随车物品。
② 再次向客户示范各项功能的操作。
③ 请客户共同检验车况,以保证车辆的各项指标都没有出现问题。
④ 签署交车确认表。

四、交车仪式

举行新车交接仪式,在新车左右后视镜系上红丝带,在发动机舱盖上挂大红花。没有紧急工作的销售顾问在新车的两旁列成一队;由两人负责点放花炮,由销售经理把象征着车钥匙的钥匙模型转交给客户,销售顾问向客户献上鲜花一束表示祝贺。其他人员一起鼓掌表示祝贺,同时点放花炮。

08 第八章 Chapter Eight

跟踪与回访

一、服务跟踪方式

跟踪回访是汽车4S店销售顾问必须做的工作和必须承担的相应责任，既是对汽车4S店负责，也是对客户负责。完美地跟踪回访，可以为汽车4S店带来更多的客户。

汽车4S店销售顾问将汽车售出之后，还需要做好服务跟踪。作为汽车4S店销售顾问，不能说是卖完车之后就完事了，还需要提供一些售后服务。只要是对客户有帮助、能让客户感到满意的都是售后服务的形式。汽车4S店销售顾问服务跟踪方式有下表所示的三种。

服务跟踪方式

序号	跟踪方式	具体说明
1	保持联系	交易结束后，要与客户经常保持联系，比如打个电话或是发条祝福短信，上门坐坐，都是很好的方式，这样可以帮助你赢得一些潜在的客户
2	协助办理手续	购车需要办理许多手续，虽然这些手续都有专人协助客户办理，但是作为汽车4S店销售顾问，可以为客户提供一些力所能及的帮助，比如告诉客户应该提供的资料等
3	帮助解决问题	客户在购车后会遇到问题需要咨询，此时汽车4S店销售顾问要热忱地为其解决，让客户随时随地都记着你的服务

二、销售顾问回访

1. 回访准备工作

汽车4S店销售顾问在回访前一定要做好准备工作，以便更好地进行回访工作。

① 查阅客户档案中的客户基本信息（客户姓名、电话号码、车型）。
② 回访内容以售后服务公司要求为准。
③ 再次确认回访时与客户沟通的内容。

2. 回访的时间和形式

（1）在交车当天或第二天对用户进行回访　销售顾问在交车当天或第二天对客户进行回访，如上午交车，则下午回访；如下午或晚间交车，则第二天早晨回访。此次回访主要以问候客户，确定客户开新车安全到家的目的为主。

（2）交车后一周内回访　销售顾问进行第二次回访的时间可在交车后一周内。此次回访是对客户本周车辆使用情况进行了解，向客户再次提醒车辆的一些特殊功能，以及对于交车后的一些后续事宜进行提醒，如养路费是否缴纳，或是车险是否购买等，以此表达对客户的关爱，让客户对销售顾问放心进而对汽车4S店增加信心。

（3）交车后一月内回访　销售顾问第三次回访可在交车后一个月内进行。此次回访主要询问客户车况问题，并且感谢客户对前几次回访的配合。如果是重要客户则要预约上门拜访的时间，若对方允许则实施上门拜访，销售顾问需携带礼物前去拜访，礼物的品种及价格视用户的重要性及忠诚度进行选择。如果上门拜访被谢绝，则仅在电话中问候和表示感谢，告知可来店自取礼品。

3.回访工作重点

① 感谢客户花时间接受回访。
② 客户是否对车辆满意，了解客户车辆使用情况。
③ 客户对车辆和服务有无抱怨。
④ 希望客户把自己介绍给有购车意向的亲朋好友。
⑤ 礼貌道别，填写"客户跟踪表"。
⑥ 根据实际情况每月定期回访，主要是客户关系的维系。

三、客户定期跟踪

① 日常跟踪，做好客户管理计划，通过电话、信件、短信或E-mail与客户保持联系，至少每3个月跟踪回访一次。
　a.向客户致意，关心客户身体、工作近况，对比较熟悉的客户可询问家人状况。
　b.了解客户对车辆使用的有关问题。
　c.提醒客户有关定期保养维护事宜。
　d.了解保有客户周边的意向客户资源。
　e.每次跟踪后，及时更新"客户跟踪表"。
② 经常向客户提供最新和有附加价值的信息，如新车、新产品、售后服务信息，邀请客户带着有购车意向的朋友来店看车，可适当赠送纪念品。
③ 每年都向所有客户寄节日贺卡，如五一、十一、中秋、春节等。
④ 若有相关促销活动，主动热情地邀请客户参加。
⑤ 提醒客户首次保养的里程和时间。
⑥ 告知客户以后将提供任何可能的帮助和24小时救援电话。

汽车4S店
汽车4S店全程运作与创新管理

第四部分

增值服务管理

01 第一章 Chapter One

汽车精品

> 汽车精品是对汽车功能、外观、个人偏好的有益补充,可以达到美化外观、功能加强完善和展现个性化特点的汽车配件、美容养护产品等的总称。

一、汽车精品的特点

汽车精品销售是汽车销售的一个非常重要的环节,可增加汽车销售附加值。汽车精品具有下图所示的特点。

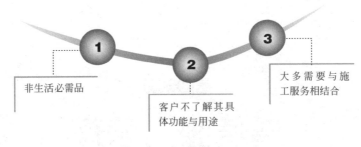

汽车精品的特点

1. 非生活必需品

汽车精品的消费者不清楚到底哪种膜好,哪些种膜不好,因为这涉及很专业的鉴定知识;没有几个客户知道水性底盘装甲与油性底盘装甲的区别。对于精品的了解,几乎全靠销售顾问讲解。

2. 客户不了解其具体功能与用途

由于汽车精品没有大量广告宣传,又不是常用生活必需品,所以大多数人对各种汽车精品不了解。即使是从各种途径作了了解,认识也并不深刻,绝大多数汽车精品消费者都不了解它们的具体功能和用途。

3. 大多需要与施工服务相结合

汽车精品大多数产品需要安装施工,并且只有4S店的专业技师才能施工的。像防爆膜,即使送给客户,客户也不知道怎么贴,必须要用专业的工具让专业的贴膜师傅贴,师傅技术水平不够都不行。常用的产品有车载DVD、汽车防盗器、汽车真皮座椅、大包围、底盘装甲等。当然也有头枕、香水、坐垫、挂饰等不需要施工服务的精品,但这些不是

4S店的主流产品。

由于汽车精品本身具有以上三个特点，所以对应在销售方面也有着与一般商品不同的方式和特点。汽车精品的销售要以销售顾问的介绍和引导为主。到精品区来选购精品的客户，由于他不懂哪种产品是适合自己需求的，他需要询问销售顾问，只有等销售顾问介绍后，他才知道要哪个产品。在这个销售过程中，汽车精品的销售顾问扮演着另外一种角色，叫做"医生"角色。因为客户买汽车精品的过程与病人看病的过程类似，不同的是，医生很少给病人选药的机会，而汽车精品的销售顾问给客户选择的机会。

二、汽车精品的类别

汽车精品一般包括原厂精品、配套精品和通用精品三类，具体如下表所示。

汽车精品的类别

序号	精品类别	优缺点
1	原厂精品	优点：原厂提供，与原车匹配，高品质 缺点：价格高，更新慢，不够个性化
2	配套精品	优点：按原厂风格设计，专车专用，价格适中 缺点：可能会导致原厂打压、知识产权纠纷
3	通用精品	优点：款式多样性，可满足大多数客户要求 缺点：替代性强，价格透明，利润低

三、汽车精品的利润

对于4S店来说，能挣钱的产品，也就是高利润的产品才是好产品。品牌好是厂家的，客户满意是消费者的，只有利润是自己的。通过下图就可以了解到哪些精品才是真正盈利的。

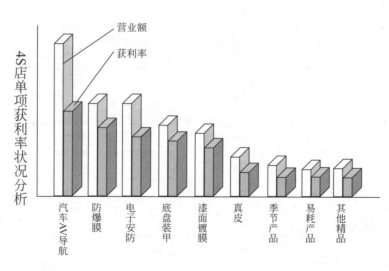

汽车精品盈利图示

这是一份通过调查全国上千家4S店精品经营状况而得出来的4S店单项获利率状况分析图。从图表可以看出：4S店的单项，也就是一项产品的利润分析，AV（影音）项的利润是最高的；防爆膜、安防、底盘装甲等都是挣钱的产品。图中，真皮之后就是季节性产品，如羊毛坐垫、凉垫，从易耗产品（如车蜡）再往下基本上没有多少精品是盈利的了。所以选择精品要特别注意，车蜡等美容产品，基本上单项营业额不高，利润率再高也有限，产品的整体的产值就难以提升。

有不少汽车4S店经营汽车精品的时候是没有选择性的，只要精品厂家肯铺货就卖，那些卖不动的产品只会占库存，不会给4S店带来好处。4S店经营汽车精品应该有选择性地经营，以下是来源于网上4S店精品选择排名。

4S店精品选择排名调查

第1位	防爆膜	87.62%	热销或畅销
第2位	汽车安防产品	69.52%	
第3位	倒车雷达	56.19%	
第4位	GPS系统	48.57%	
第5位	底盘装甲	46.67%	
第6位	汽车地毯	42.86%	
第7位	汽车真皮	41.90%	
第8位	汽车影音改装用品（含DVD、喇叭等）	40%	
第9位	汽车香水	32.38%	一般
第10位	小装饰品	32.38%	
第11位	汽车清洁用品	26.67%	
第12位	方向盘套	25.71%	
第13位	凉垫	24.76%	
第14位	汽车座套	24.76%	
第15位	电子狗	21.90%	
第16位	氙气大灯系统	20%	
第17位	迎宾踏板	17.14%	较差
第18位	羊毛坐垫	16.19%	
第19位	汽车改装品（定风翼、贴纸等）	14.29%	
第20位	车蜡	10.48%	
第21位	合金车轮	9.52%	
第22位	其他	0.95%	

来自汽车AV产品、防爆膜、安防、底盘装甲等精品，是创造精品利润最重要的产品。所以选择汽车精品的时候，一定要考虑以下两个原则。

1. 要少，不要多

精品项目做得好的汽车4S店都是精品种类卖得少的，而不是精品种类做得多的，要做到"少而精"。

2. 所销售的产品一定要带上施工服务

产品一旦带上施工，客户就难以弄清楚它原本的价值究竟是多少。如同理发师理发一样，单纯理发值不了多少钱，但如果理发的师傅是个名剪，"一发易理，名师难求"，价值就完全不一样了。

除此之外，汽车4S店在选择汽车精品时要时刻记住：电子类的产品是最为重要的利润来源。

四、汽车精品的采购

汽车精品是4S店盈利的主要来源，但是管控不当，盈利也有可能变成"零利"。在整个精品服务的过程中，采购是很重要的环节，采购管理得好，最直接的体现就是降低成本。

1. 汽车精品采购的原则

汽车精品采购应遵循下表所示的原则。

汽车精品采购的原则

序号	采购原则	具体说明
1	适销原则	是指采购的商品必须适合企业销售或服务需求
2	适质原则	是指不重视品质的企业将无法立足于当今的市场竞争，因此采购人员不仅要做商人，还要扮演品质管理员的角色，对假冒伪劣产品不予购进
3	适时原则	是指商品供应不及时将会影响企业的利益和正常运转，而大量的商品提前采购又会造成资金占压，因此，采购人员要扮演协调者与监督者的角色去促使供应商按时交货
4	适量原则	是指采购量多，价格就便宜，但会造成资金占压、库存成本增加；采购量小，则采购次数增加，采购成本提高。因此，采购人员一定要控制适当的采购量
5	适地原则	是指供应商离企业越近，运费越低，机动性越高，协调沟通越方便，也有助于紧急订购的时间安排。因此，在同等条件下要优先选择距离较近的供应商

2. 采购管理的目标

汽车精品采购管理的目标如下。

① 采购部必须满足店面各个部门的各种需求，以最快的速度采购到店面运营所需的精品。

② 使采购流程有效率、有效果。

③ 支持总体的目标与目的。采购部的重要目标就是服从和支持企业的整体目标和目的。

④ 不断在市场中寻找和发现新的商品，并努力使其成为企业新的利润增长点。

3. 采购的计划管理

采购的计划包括两个方面，具体如下表所示。

采购的计划管理

序号	管理类别	具体说明
1	采购计划	每月28日，店面采购人员根据本店商品销售统计、商品库存统计及下月店面销售预测，制订本店采购计划，由店长签字确认核实后，于30日做出整体采购方案，报财务复核经费，采购部于5个工作日内采购完毕
2	补充采购计划	每月15日，各店面采购人员根据本店精品销售统计、精品库存统计及下半月店面销售预测，制订本店补充采购计划，由店长签字确认核实后，于16日做出补充采购方案，报财务部复核经费，采购部于3个工作日内采购完毕

4. 库存精品管理

精品储备是店铺营运的基础，其重要性不可忽视。有效的库存与物流管理不仅能满足客户的需求，对汽车服务企业来说，也有助于控制费用，提升利润空间。因此应及时向企业反馈信息，以便货物调配工作能有效进行。为增加精品销售机会，可以根据实际的销售情况，保持合理的库存量。

① 每日检查库存，及时补货，确保每天有足够的产品供应（补货单须留档备份）。

② 每天填写日出库精品报表，方便定期整理。

③ 每月5号之前，将上月出库、库存报表反馈到企业，如遇新品上市应每周上报一次，以便企业及时掌握销售及库存情况。

④ 店铺负责人应每日进行缺货检查，定期（每月）对滞销货、破损、丢失货做分析与汇报，并及时采取相应措施。

五、汽车精品的陈列

良好的陈列效果有助于提高店铺的形象，增加汽车4S店生意及给客户留下良好的印象。

汽车精品陈列示意图

以下介绍两种有效的精品陈列方式。

1. 观念导向陈列

观念导向陈列就是将一些特定的商品组合在一起。所有商品可能有不同的品牌，但是组合在一起能产生很好的销量。

将精品提前装进新车，然后将精品加装车放在展厅进行展示就是属于观念导向陈列，展厅样车陈列这种方式非常重要，不做样车展示就做不好精品。精品装在试乘试驾车上是没有什么效果的，客户不会去看那辆车，而是会看展厅的样车。所以说最好的精品展示就是展厅的样车。

2. 价格导向陈列

价格导向陈列就是利用特价品来吸引客户的目光。将一些特价精品放在显眼位置，让客户感觉很便宜，事实上都不便宜。只是客户知道价格的就便宜，不知道的当然不便宜。在这种展示过程中还能做组合套装。

汽车4S店将一个精品套装做出来以后，销售顾问告诉客户这个套装价值多少钱即可，而不用把所有精品的单价列出。另外，不要只做大套装，应把精品分成小套装，然后组合成一个大套装，这样销售起来比较灵活。

 相关链接 ▶▶▶

汽车精品陈列技巧

一般情况下，应放在架式架子上陈列，但对于一些贵重的精品，不应采取开架陈列方式，而应放在柜台里陈列。具体陈列方面，可参考下表。

产品陈列说明

序号	类别	说明	产品种类	陈列位置
1	随意性购买品	客户无需事先计划而随意性地进行购买的产品，客户购买的动机常是由于看到引人入胜的展示品	大多是常用小产品（如汽车香水等），价值不高	店面主要通道
2	针对性购买品	随着时间、天气、使用率的不同，客户有针对性地购买	如雨刷、脚垫和坐垫等	显眼地方
3	奢侈品	又称贵重产品，客户一般会认真计划和进行品质、价格比较后才会购买	如汽车音响、汽车镀晶和DVD导航等	专业区域

六、汽车精品的销售

汽车精品的销售与一般产品的销售不一样，它有着自己独特的销售方式，4S店若运用得当，将会带来不错的销售业绩。

1. 常见的汽车精品销售模式

常见的汽车精品销售模式有四种，具体如下表所示。

常见的汽车精品销售模式

序号	销售模式	具体说明
1	前装销售	前装销售是指装在新车上销售，也就是将汽车"精装修"后再销售，为客户提供更多的选择
2	同步销售	同步销售是指在新车销售时给客户同步介绍一些配套精品，并引导客户进行购买
3	回厂销售	回厂销售是指在汽车回厂保养或维修时进行，在客户等候时给予介绍
4	自然销售	自然销售是指将汽车精品展示在适当的位置上让客户选择，在客户需要时介绍

2. 汽车精品销售的心态

汽车精品销售顾问在销售汽车精品时，要避免常见的错误心态，应保持正确的心态，具体如下表所示。

汽车精品销售的心态

序号	心态类别	具体说明
1	错误心态	（1）卖汽车精品耽误新车的销售时间（或维修保养接待时间） （2）弄巧成拙，担心卖不成反而被客户逼着送 （3）本身就对这些附加汽车精品有抵触情绪，不相信其功能与作用 （4）担心售后客户找麻烦，遭投诉 （5）销售顾问自身认为我们的汽车精品价格比市场同类更高，客户有更多的选择 （6）汽车销售与汽车精品销售分家经营，团体合作意识不强
2	正确心态	（1）汽车精品销售有助于新车（保养/工时）的销售 （2）通过销售汽车精品不断提高销售技巧 （3）最好的介绍就是"自己也是使用者" （4）将技术问题反馈给售后部门，以提高和改进汽车精品的品质 （5）一分价钱一分货，高质等于高价，高贵等于尊贵 （6）注重团体合作意识，互通有无，互利互惠

3. 汽车精品销售的最佳时机

汽车精品销售顾问在销售时，要学会把握最佳的销售时机，从而实现最大化的销售。具体如下表所示。

汽车精品销售的最佳时机

序号	销售时机	具体说明
1	新车下定时	给车主一些前期的铺垫工作，如"我们有汽车销售后全部加装的产品和服务"
2	新车交余款时	（1）介绍车辆的全部服务项目（如底盘防锈、隔热防爆膜等） （2）针对车型，介绍针对性的项目 （3）强调新车前期节约时间，在提车时已装饰一新，满足车辆的使用要求 （4）强调汽车4S店的专业性、品牌性 （5）特别提示客户在其他店面进行加装的产品不受保护性，敲击客户的心理防线
3	车主提车时	（1）核对车辆加装情况，进行补充 （2）再次强调汽车4S店的专业性、品牌性 （3）再次强调新车在其他地方加装的产品不受保护性

续表

序号	销售时机	具体说明
4	协同作战时	（1）向客户介绍汽车4S店精品部，让精品销售顾问无缝介入 （2）在客户面对汽车精品犹豫的时候，他更倾向于听销售顾问的建议，销售顾问肯定的答复会给客户以"临门一脚"的信心 （3）共筑信息沟通平台，及时沟通，避免没有交代出场人物、没有后续跟踪及前后解说不一

4. 汽车精品销售的话术

话术是对应客户异议的有力工具。标准的回复能让客户增加信心。所以，汽车4S店应该写出所有的问题点，分类并进行归类，编写出标准答案（FABE方式），并且不断改进完善。

在使用话术时，必须先发掘客户的真正需求，然后针对客户需求，按照F（汽车精品特点）、A（汽车精品优势）、B（给客户带来的利益）、E（提出证据）的顺序进行商品说明，再举例说明安装汽车精品后给客户带来的益处。

对于销售中客户常见问题及解答方法，可以用三段话术来解决。三段话术可以使用"因为""所以""对您而言"或者"因为""而且""对您而言"三个词语连接成一段完整的应对话术。

02 第二章 | Chapter Two

汽车改装服务

> 国外汽车改装市场一方面因其悠久的汽车文化，另一方面也有健全的法律制度，改装已经成为汽车市场很大的一部分。一些发达国家私人汽车的改装率高达80%，而我国这一数字仅为3%，差距甚大。尽管我国汽车改装市场尚未成熟，但在汽车行业竞争日益激烈的背景下，"售前改装"已经成为汽车4S店新的利润增长点。

一、汽车改装的概念

汽车改装是指根据汽车车主需要，将汽车制造厂家生产的原型车进行外部造型、内部造型以及机械性能的改动，主要包括车身改装和动力改装两种。

近年来随着用户个性化需求的不断增长，汽车改装行业得到了不断的成长和壮大，但受限于法律法规，汽车改装一直不温不火，严重制约了这部分市场的发展。

二、汽车改装的界限

一般来说，汽车改装普遍涉及外观、灯光、动力、内饰等。从汽车改装可以看出一个人对汽车独到的见解以及对驾驶的看法。那么以公众安全、法律法规为界线的汽车改装，界限尺度在哪里？具体要求如下。

1. 外观改装

外观件的加装确保不会在使用中伤害行人为底线，并不超出车身尺寸一定的比例。更换前保险杠是可行的，但是对于为车辆加装外观部件（如加装尾翼）、升高底盘等提升汽车越野性能的改装是不允许的。

只能变更原厂的轮胎和轮毂，禁止更换跑车车胎，以及更换尺寸更大、更宽、明显与车身不适应的轮胎等。

一般来说，汽车外观改装包括下表所示的类别。

汽车外观改装15类

序号	类别	具体说明
1	大包围	大包围的学名是车身"空气扰流组件"，材质多为碳纤维。汽车装上大包围能使车身加长，降低汽车的重心，改善车身周围的空气运动特性，从而提高汽车的高速行驶稳定性
2	车身贴纸	车身贴纸源于赛车运动，因为所有参赛车队需要多个赞助商的支持，所以车身上五颜六色的赞助商标就成为一种"极速广告"。其内容不外乎改装厂牌、配件商标、润滑油广告等

续表

序号	类别	具体说明
3	尾翼	汽车尾翼的设计原理是参考飞机尾翼而做的,在过去很长的一段时间内,一直被广泛用于赛车上,后来才被移植于普通汽车上
4	汽车防锈	汽车防锈主要有两部分:底盘防锈(底盘、底盘骨架)与车本防锈(包括裙边、挡泥板、车门内腔、后备厢、发动机罩盖)
5	天窗	天窗能使浑浊的空气迅速排出车外,完成车内空气的循环;减少汽车空调的使用时间,节省油耗;车厢内光线明亮,沐浴在阳光下驾驶,心情格外舒畅
6	防爆膜	防爆膜可以阻隔绝大部分的紫外线、大部分的热量,好的品牌透光率也不错,并不影响驾驶
7	氙气灯	目前,中高档轿车的前照灯已开始装备氙气灯。氙气灯与传统的卤素灯相比,它有5倍的产品寿命,高出3倍的亮度效率,却只有约1/2的电力消耗
8	护杠	装上护杠后可使汽车显得厚实、丰满,一方面它能够在事故中缓冲撞击力、保护车身;另一方面还使量产的车型具备鲜明的个性
9	倒车雷达	倒车雷达能够显示障碍物的距离,并在危险的范围内得到及时的警示,对于那些看不见的台阶、矮墙、栏杆、狭小的泊车位以及夜间倒车尤为适用
10	绞盘	绞盘又叫自救器,顾名思义,当拥有这种装备的车陷入泥潭或沼泽地时,即使没有人帮忙车主也可以进行自救
11	射灯	在丛林中行驶时,越野车更可利用射灯照射较远方的物体,可作为在黑夜环境中探路、搜寻及拯救之用
12	车顶行李架	车顶行李架不仅可以让爱车造型更"酷",更可以在出游时派上大用场。一般来说,旅行车与越野车比较适合安装车顶行李架
13	备胎罩	几乎每辆车都有备胎,而有些SUV的备胎挂在车身后,日晒雨淋,容易老化,因此就很有必要给它穿件"衣服"——加装备胎罩。此外,备胎罩还具有很好的装饰效果,使整个车身协调美观
14	雨挡	在常年多雨的地区行车,雨挡是实用的小东西。装了雨挡后,就算是下雨,也可以开一点窗,既可通风透气,又不怕被淋湿
15	车轮饰罩	车轮饰罩是用于遮挡低档轮辋的一种装饰品。造型各异,外观精美,安装在车轮上使整个车身更加靓丽

2. 车身颜色改装

关于车身颜色,不可以随心所欲地上色。机动车喷涂、粘贴标识或者车身广告"不得影响安全驾驶"是一条硬性规定。允许图案存在,但不得存在广告内容。车身不能超过三种主要颜色。车身颜色不能与公交车、出租车等公用车相同,还有火警专用的红色、工程车专用的橘黄色、警车专用的蓝白色、特种车辆专用的迷彩等颜色禁止使用。

3. 灯光改装

灯光的各个参数,应该严格按照国家相关法规进行调节。增加LED灯或者氙气灯改装不在允许范围内,氙气灯照度约为阳光的2倍,夜间行车时人们看到氙气灯的光会条件反射地紧闭双眼,车祸的惨剧有可能就此发生。

4. 动力系统

车辆只能更换与原厂一致的发动机,机动车所有人应当在变更后10日内向车辆管理所申请变更登记。单排气管改双排气管；将排气管改装为大口径且声浪惊人的排气管等，都属于非法改装。

5. 车内改装

在不影响安全行车的情况下，原则上可以改装。但是，座椅不能取走，车内结构不能改变，在车管所机动车登记的车辆结构特征，也不能擅自更改。

三、适宜汽车4S店发展的改装业务

随着我国汽车改装业的发展，以汽车的进排气系统、操控性能、外观等改装方向为切入点，利用现有技术能力开展安全改装业务，必将为经销商带来新的利润增长点。而对于汽车4S店来说，适宜发展的改装业务如下表所示。

汽车4S店适宜发展的改装业务

序号	改装业务	具体说明
1	轮毂改装	钢轮毂改装铝轮毂，铝轮毂加大，换品牌或样式，铝轮毂改装镁轮毂或碳纤维轮毂、钛合金轮毂等。除了满足客户个性需求以外，性能也能得到相应提升
2	进气升级	更换高流量进气产品，既省油又能提升动力
3	原厂升级改装	高配车配件装低配车、低配车隐藏功能升级，这种改装则是最简单并且最让人放心，同时也是风险最低的
4	改色服务	车漆或贴膜（由于新车六年一验，贴膜可随时撕掉，可随心所欲地满足个性需求）
5	ECU升级	升级ECU或安装外挂电脑；满足客户低调改装需求，同时性能也能得到提升，可谓安全环保
6	定制包围	品牌包围或定制包围，让客户的车独一无二
7	车身强化升级	加装项目，让车身结构更稳固、更安全
8	避振升级	专车专用产品安装无压力，全面提升车辆操控感受
9	刹车升级	刹车片升级以及加大碟升级，卡钳保持原厂产品，不影响安全与验车，同时增加制动性能，关键时候刹车距离少几米，安全性能则大幅提升

四、汽车改装的注意事项

展现个性化、享受音响、动力提升等都是车主进行改装的目的，但是过多地追求性能增加、个性展示有时也会影响改装的最终效果。尤其注意，汽车改装一定要遵循法规。汽车4S店在为车主进行汽车改装时，要注意以下事项。

1. 性能改装

动力方面改装得最多的应该是以"进排气"为主，也就是所谓的吸气管和排气管。然后是对点火系统的改装，比如改用比较好的火花塞和点火线。这两项改装可以让车辆工作顺畅，提高发动机的工作效率，也可以使车辆的汽油和空气混合后充分燃烧，然后降低废气的排放，对发动机和对车辆的使用都是有很大好处的，往往是车主们的改装首选。

人们总是误解为加装一支大口径且声浪惊人的排气管后，车辆便会行驶得更快，其实不然。在引擎没有做大幅度改装的前提下，只更换排气管在效果上是不甚明显的。排气管的更换对于动力的提升可说是微乎其微，特别是对于一些小排气量的自然进气车型来说，想要明显感受到动力的提升是相当困难的。

相反，大口径的排气尾鼓对于低速扭力的流失有相当大的影响，但是在高速行驶时较为顺畅的排气对动力改善是可以理解的。而排气管本身的材质、管路的设计，管壁内部是否光滑，消音筒的设计是否可以形成良好的回压等，都是影响排气管效果的重要因素。

2. 外观改装

包围和导流部件主要是起到降低风阻的作用，增加车辆的稳定性。现在部分车主加装大包围不仅仅是考虑到空气动力学方面的因素，也是为了起到一个美观的效果。大包围改装面临的缺陷是路况问题，因为装了大包围后，整车的高度会降低，而国内的路况并不是非常理想，一些坑洼的路面比较容易把大包围蹭坏。

3. 加装尾翼

尾翼也是改装中使用比较多的用品，但是一般来说不建议小排量的汽车加装尾翼。有的车主盲目地加装尾翼是适得其反的，因为尾翼是用来增加车身的稳定性的，对于大排量车来说很重要，但小排量的车安装夸张的尾翼反而会影响车速。

轮毂和刹车盘大多是以铝合金制作，虽然美观，但是减重方面还稍有欠缺，对于高性能车型来说是一个负担。刹车的改装主要根据车型来选择，一些基础改装的车辆不建议进行制动方面太强的改装。因为如果制动过强，在普通的道路上很容易在车流中被人追尾。

4. 车灯改装

车灯改装还是以亮度为主，但是不建议加装过亮的车前灯，因为这样对迎面驶来的车辆会有影响。目前彩色灯泡主要分两种，一种是蓝色，一种是紫色。这样的有色灯泡耗电量少，输出功率大，但是结构复杂，价格较高，所以对一般的改装车来说没有必要。

5. 音响改装

音响改装是爱车族"发烧友"永远的追求，对音响的追逐没有尽头。但是，要提醒初级改装者的是，音响并不一定要盲目追求大声低音，其实低音如果装得太重的话，对驾驶者本身也是一种伤害。

6. 改装要和车辆协调

汽车的改装需要协调一致，而现在许多车主对改装的观念还不是非常清晰，导致有的汽车改装完之后还是给人一种不伦不类的感觉。比如说，有的人希望自己的车在动力性能方面有所提升，从而使汽车的速度尽可能加快，可是同时又要加装一套音响系统，几百斤的音箱一装上马上就令原本改善的动力系统作用大打折扣。

相关链接

怎样改装才算合法

在逐渐兴起的改装风和不断涌入的国外改装文化的影响下，现在越来越多的车主愿意将自己的爱车进行改装。或是小改引人注目，或是大改对车辆性能进行彻底颠覆。但由于受到法律法规的限制，过去的汽车改装行业都处于"灰色"地带，很多人还只能处于"地下工作"。

新修订的《机动车登记规定》对改装车政策放宽，原厂改装车有了合法身份，这对很多改装车迷来说是个喜讯。然而，新政策的执行是意味着汽车改装从此就不再受任何拘束了吗？怎样改才是合法的改装车呢？

一、何为合法改装车

新修订的《机动车登记规定》实施表明国内原厂改装车将具有"合法身份"。"原厂改装车是指汽车在出厂以前或者在出场以后，由汽车制造厂商本身根据个性化要求定制的型号不一、配置不一的，但是已经经过生产厂商的检验并合格的整车。因此，购买了原厂改装车的消费者，在上牌时无需再提供额外的改装证明，直接就可以上牌上路。"

目前，不是所有改装车都是合法的，合法的改装车只能是原厂改装车，车主私自加装尾翼、更换车标等车身外观和更换发动机等改装行为依然属于违法行为。

二、政策有"松动"并不代表可以随意改

新规定在机动车改装政策方面有所"松动"，但并不代表可以将车随意乱改。虽然内容放宽、手续简化，但改装车的规范仍有严格要求，特别是对于改装车辆发动机、车身或者车架的，还应当提交机动车安全技术检验合格证明，确保安全。新修改条例规定仅限"原厂改装车"拥有合法身份，而非车主私自改装的车辆，这是必须要注意的。

三、改装需申请

据介绍，已注册登记的机动车，不允许擅自改变已登记的结构、构造或者特征。擅自改变车身外观、发动机性能以及增加涡轮等都是不允许的。若切实需要改装的车主，必须先到车管所申请备案，才能改装。

内饰方面，在不影响安全行车的情况下，原则上可以改装。但是，座椅不能取走，车内结构不能改变，在车管所机动车登记的车辆结构特征，也不能擅自更改。

在车架号损坏或者无法标识后进行改装，也需要变更登记。另外，车身颜色可在变更后10天内到车管所进行变更登记，其中，有三种颜色不能变更，包括消防专用红、工程抢险专用黄和国家行政执法专用的上白下蓝色。

03 第三章 Chapter Three

汽车租赁服务

> 受限牌政策的影响,许多汽车4S店也开展了租车业务,而且出租率很高,受到广大顾客的欢迎。租车是汽车4S店在传统销售新车模式之外的另辟蹊径,而且与新车销售相辅相成,将成为经销商们一个新兴的利润增长点。

一、开展租赁业务的优势

部分城市限牌后却加大了租车业的发展,更多出门自驾旅游的市民选择租车。很多汽车4S店也趁机推出租车业务,汽车4S店开展租赁业务有下图所示的三个优势。

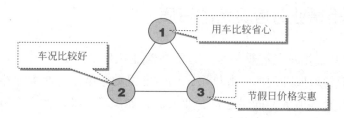

汽车4S店开展租赁业务的优势

1. 用车比较省心

汽车4S店在车辆保险方面上的都是全险,售后服务质量高。若是发生小事故,车辆只要送回店里维修即可,手续也比较简单。若在租车公司,承租人还车时会被仔细检查,车辆剐蹭等一些小毛病都是放大来看,处理起来也比较麻烦。

2. 车况比较好

汽车4S店内的车辆平时就比较注重保养,出租的车辆也有严格标准,有的汽车4S店为推荐新车,承租人还可以享受新车租赁。而租车公司一般车型不够新,车况参差不齐,租车标准不够严谨。

3. 节假日价格实惠

在汽车4S店租车,即使节假日也能享受平时价格,相对于租车公司,价格比较划算。在租车公司租车,节假日与平时租金价格差距大。

据了解,汽车4S店的租车业务是由厂家或经销商集团授权进行,一定程度上受到约束,公司会给出相应车型的租赁指导价,而汽车4S店制定的价格只能低于或等于这个指导价。

二、开展租赁业务的好处

拥有租车业务的经销商普遍认为,汽车4S店在厂家支持下开发汽车租赁业务是有其相当优势的。

1. 租车同时促进卖车

车辆可以作为试乘试驾的功能使用,因为只有被租赁者使用之后才会对车辆有整体的认识,例如操控性、油耗、动力等方面,传统的销售车辆流程中,虽有试乘试驾路线,一般试驾时只有较短的驾驶体验,很难形成深刻印象,因此,租赁车辆可以解决销售顾问的说辞和客户受销售顾问说辞的影响,形成自己对车辆的认识。

2. 挖掘潜在客户

租赁业务的开展对客户从潜在客户到成交客户有一定的影响力。虽然现在的汽车工业高速发展,具有驾驶能力的人员增多,但是对于潜在的客户,租赁不失为一条捷径,因为只有客户体验了车辆的性能才能接受这种产品。

三、开展租赁业务应具备的资质

品牌汽车4S店在开展租赁业务时,需要在营业执照的经营范围内向工商局申请汽车租赁业务项目,取得政府部门的业务许可,同时向机动车维修行业主管部门备案。

通过合法途径开展业务,同时配备专业人员,如保险、维修技术人员协同开展此项业务,这些专业人员必须通过上岗培训和考核,因为只有专业化的服务才能打动客户,只有专业化的队伍才能使消费者认同这个企业的这项业务。

在租赁协议达成的前提下,必须传授必要的驾驶要点和保险知识,制定详细的细则,便于应对复杂的情况,因为当租赁条件形成后,车辆的使用权转移到被租赁者手中,对他们进行一些常规的讲解就显得尤为必要。

只有不断探索租赁业务的新途径和新思路才有可能占据租赁市场,比如开展自驾业务、婚庆业务、预约服务,通过优良的服务打造汽车4S店服务新高地。

四、汽车租赁流程

汽车4S店为了把租赁业务做得更好,需遵照一定的流程办理,具体如下图所示。

4S店汽车租赁流程

1. 客户接待

客户到达门店后，汽车4S店对客户进行接待，提供租车或其他业务服务。

2. 证件审核

对于需要租车的客户，需要承租人提供其身份证等证件，并对证件进行审核。如证件不符合要求，或者审核未通过，则不予受理业务。

3. 收取押金

如承租人身份证等证件审核通过，承租人则需要通过信用卡预授权或现金的方式缴纳押金。

4. 签订合同

在签订租车合同的过程中，汽车4S店要向承租人详细解释合同条款。承租人表示无异议之后，双方签字，然后租车合同成立。

5. 验车提车

合同签订完毕，汽车4S店将承租人带至汽车点验车，说明其车辆整备状况，并询问是否需要其他增值服务。租赁汽车经查验无误后，承租人可将车开走。租车期间，如果遇到事故等问题，汽车4S店可提供保险、事故救援等服务。

6. 车辆归还

租约到期时，承租人将承租的车辆开至汽车4S店，汽车4S店工作人员对车辆进行检查，查看车辆是否完好。在确认车辆完好后，办理还车手续。如在车辆检查时承租双方对车辆状况存在分歧，则应根据合同规定进行商榷。

7. 交通违法处理

在验车完毕之后，还要根据合同规定查询该车辆租赁期间是否有违法记录，如果没有违法信息，则退还承租人保证金或者解除信用卡预授权。如租赁车辆有违法信息的，汽车4S店工作人员应通知承租人，并在信用卡预授权或保证金中扣除罚款。

8. 车辆装备

汽车4S店收回车辆后，对车辆进行保洁、加油、维护等工作，保持车辆技术状况良好。

04 第四章 Chapter Four

二手车置换服务

> 随着换车潮的到来,置换早已成为各大品牌汽车4S店销量增长的主要动力,特别是在实施汽车摇号限牌政策的一些城市,一些汽车4S店以旧换新客户占比甚至超过了60%。各大品牌汽车4S店普遍把置换业务作为新的利润增长点。

一、二手车的定义

二手车是指在公安交通管理机关登记注册,在达到国家规定的报废标准之前或在经济使用寿命期内服役,并仍可继续使用的机动车辆。二手车的定义直接关系到所涉及车辆的范围,在某种程度上也关系到二手车评估体系的科学性和市场交易的规范性,所以有必要给出明确的定义。

二、二手车置换的概念

二手车置换的概念有狭义和广义之分,具体如下图所示。

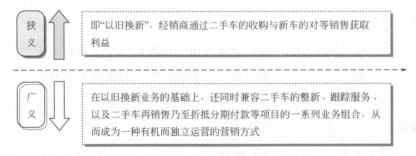

二手车置换的概念

三、开展二手车置换的好处

如今,不少汽车4S店在极力推广新车的同时,还纷纷开展二手车置换业务,而不少车主也愿意到汽车4S店进行二手车置换,这是因为汽车4S店的二手车置换业务具有下图所示的好处。

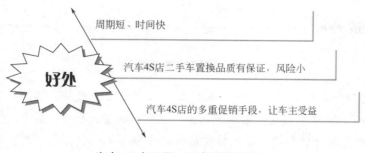

汽车4S店开展二手车置换的好处

1. 周期短、时间快

车主只需将旧车开到汽车4S店，现场评估师20分钟左右就能对旧车评估出价格，车主选好心仪的新车后，只要缴纳中间的差价即可完成置换手续，剩下的所有手续都由汽车4S店代为办理，并且免代办费，大概1周左右就完成了新车置换。

2. 汽车4S店二手车置换品质有保证，风险小

汽车4S店按照厂家要求收购顾客的二手车，收购对象涵盖所有品牌及车型。对于消费者而言，汽车4S店所提供车辆都是汽车厂商直供销售的，没有任何中间商，车况和车质让车主安心，消除了不懂车、不知道怎么挑车的疑虑。

以前卖旧车买新车，要经过二手车谈价、旧车过户、收钱、与汽车经销商谈新车价格、交钱购车等一系列程序。现在品牌二手车经销商处，有专业人士为顾客提供专业、透明的车辆评估及报价服务，所有手续都由经销商代办，二手车车价抵扣新车车价，然后补齐差价，即可开着新车走。大大方便了消费者，同时促进了汽车市场中产品和资金流通的速度。

3. 汽车4S店的多重促销手段，让车主受益

随着汽车国产化技术的成熟，以及限购政策的制约，汽车4S店把二手车置换作为角逐的主战场，并配合国家出台的政策补贴，纷纷在打出降价的同时，又推出了置换送高额补贴，再送礼品或免费活动等优惠活动。

四、二手车置换的条件

不是什么车都可以进行置换的，需满足下图所示的条件，才能进行二手车置换。

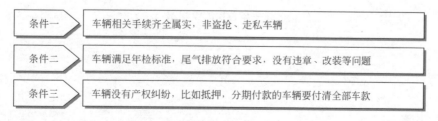

二手车置换满足的条件

相关链接

禁止交易的车辆类型

为了规范二手车交易市场秩序，维护买卖双方的合法权益，依据《中华人民共和国二手车流通管理办法》规定的第二十三条，下列车辆禁止经销、买卖、拍卖和经纪：

（一）已报废或者达到国家强制报废标准的车辆；

（二）在抵押期间或者未经海关批准交易的海关监管车辆；

（三）在人民法院、人民检察院、行政执法部门依法查封、扣押期间的车辆；

（四）通过盗窃、抢劫、诈骗等违法犯罪手段获得的车辆；

（五）发动机号码、车辆识别代号或者车架号码与登记号码不相符，或者有凿改迹象的车辆；

（六）走私、非法拼（组）装的车辆；

（七）不具有第二十二条所列证明、凭证的车辆；

（八）在本行政辖区以外的公安机关交通管理部门注册登记的车辆；

（九）国家法律、行政法规禁止经营的车辆。

五、二手车置换的流程

随着生活水平的提高，人们的换车频率更高了。对于旧车，多数人都会选择到汽车4S店进行置换。汽车4S店二手车置换的流程如下图所示。

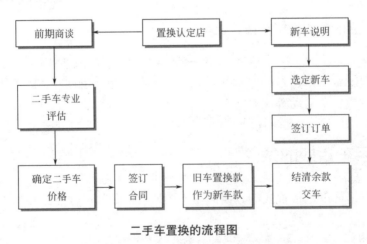

二手车置换的流程图

05 第五章 | Chapter Five

其他增值服务

> 目前来说，汽车4S店的盈利模式主要是依靠新车销售、维修保养、精品销售等业务，但是也不能忽略其他的增值业务，比如代理保险业务、客户管理服务等。

一、开展保险业务

车险是财产保险公司的主打产品，汽车4S店代理销售的业务占相当大的比重，是财产保险的第二大销售渠道，汽车4S店和财产保险公司可以说是一对"兄弟"。

1. 保险业务的利点

随着客户流失率越来越高，售后利润也越来越薄，由此汽车4S店的保险业务显得越来越重要。保险业务具有下图所示的三大利点。

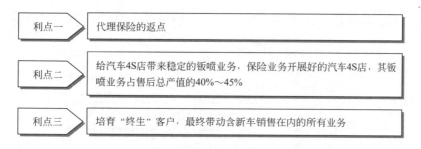

保险业务的利点

2. 续保业务的重要性

在美国等汽车后市场发达的国家，整个经销商六大水平价值链业务中的排序是续保、会员、汽车金融、二手车、汽车改装、精品业务。续保业务排在首位，由此可见续保业务的重要性。

续保业务如此高的战略地位是因为保险在汽车4S店经营管理客户的过程中起着关键的承上启下的作用。汽车4S店可以通过新车和精品获得这辆车的直接收益，但没有保险的话，客户就像一根没有线的风筝，出险或保养回到汽车4S店的随意性很大，但如果客户的保险在汽车4S店购买的话，因为代理赔付等客观原因，客户的回厂率将大大提高，忠诚度也随之提升。

3. 保险业务的开展

汽车4S店可从人员结构、理赔政策、促销政策、绩效考核及传播媒介五个层面来组织开展保险业务。

（1）人员结构　汽车4S店管理层必须足够重视，把保险业务上升到战略层面，必须组建专门的保险业务团队，甚至成立保险业务中心。战略决定组织，组织跟随战略。有专人负责新车销售部分的新保业务，有专人负责售后的续保业务。这样做主要有两个因素的考量，如下图所示。

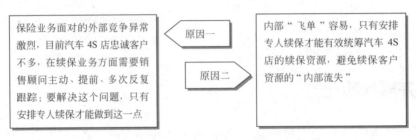

组建专门的保险业务团队的原因

（2）理赔政策　续保业务开展得好坏，很重要的一点就是续保的战略资源即理赔政策是否有优势。与大型保险公司建立战略伙伴关系，拿到一个很好的理赔政策是很有必要的，比如5000元以内的事故免现场勘查，这对于客户来说是非常有利的，因此汽车4S店在选择合作保险公司时，需注意保费资源的平衡，同时要集中优势兵力，增加与保险公司合作的谈判筹码，赢得更好的理赔政策。另外，汽车4S店在选择保险公司时也要注意下图所示的几点。

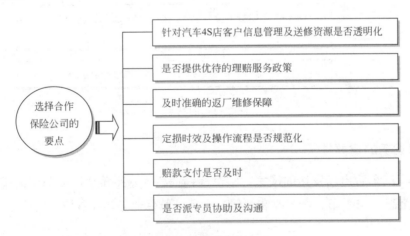

选择合作保险公司的要点

（3）促销政策　续保的促销政策设计，原则上客户提前3个月和提前2个月做续保的促销政策是不一样的，鼓励客户提前续保。

比如，提前3个月续保打80折，并送价值1000元的精品；提前2个月续保仅能打85折，并送价值500元的精品；提前1个月续保只能打85折。

（4）绩效考核　续保团队的激励政策，原则上是保证续保专员的收入达到甚至超过售后服务顾问的平均收入水平。续保业绩提成要考虑销售难度和目标达成率，根据不同续保目标客户设定KPI（关键绩效指标），"新转续"目标达成率要在65%左右，"续转续"目标达成率要在80%左右，"他转续"目标达成率要在10%左右，设立阶梯性激励政策，另外续保难度大于新保，所以续保激励大于新保。同样道理，第1年续保的客户难度大于之前一直在本店续保的客户。因此，提车1年的客户续保提成也要大于之前在本店有过续保的客户。

（5）传播媒介　最后，要解决媒介传播的问题，在客户容易看得到的地方要大量布置汽车4S店投保的优势所在。

比如，在客户休息区、收银台、SA（维修服务）接待台等布置宣传海报等物料。甚至给客户的信封封面也可以制作保险业务相关知识。

二、组建客户俱乐部

客户俱乐部的主要功能就是维系客户关系，并且通过客户关系销售车辆和服务。忠诚客户的数量多少，直接决定企业利润的多少或者持续发展的能力。客户满意度每提升5%，企业利润就会增加20%。对于汽车4S店来说，建立客户俱乐部可参考以下措施。

① 建立自己的客户管理系统资料库，便于分析客户的消费习性、消费特点、客户喜好等。分析客户的分布区域、消费特点（年龄、收入、职业等），有针对性地开展市场活动。

② 对会员实行消费积分或其他优惠政策，锁定客户，培育客户的忠诚度。

③ 及时对客户进行情感沟通，如生日问候、购车纪念日问候、保养提醒、保险提醒、年审提醒、举办会员自驾游、联谊会、爱车讲堂、积分抽奖等。

④ 和其他企业建立战略联盟，增加会员卡的适用范围和功能，提升客户身份地位。会员在其他的酒店、饭店、机场、娱乐场所等消费可以获得与其会员卡一样的优惠。

⑤ 通过会员平台销售车辆，常年开展手拉手活动。一方面增加顾客的忠诚度；另一方面增加公司销量。

三、与茶商合作

汽车4S店每天有客户到店做维修和保养，客户通常需要等待几个小时甚至更长时间，客人休息期间就会到品茶区品茶。汽车4S店可以利用这样的一个平台，给客人泡茶，交流茶文化，通过引导让客户对茶艺有个比较全面的认识，进而产生消费。

 相关链接 ▶▶▶

未来4S店的盈利模式

在新能源、互联网、大数据、人工智能（AI）等新技术的不断发展和冲击下，传统汽车4S店的经营模式注定要被打破。未来汽车4S店可以参照的模式，不会来自汽车行业自身。从对"车"的终生服务到对"人"的终身呵护的逻辑推理，未来汽车4S店可借鉴模式将是未来的医院。

未来的医院将彻底丧失高度综合、高度垄断的"三甲"优势，被专业化医院和社区便利门诊蚕食。现在"牛气冲天"的"三甲"医院，被迫最大限度地增加"病患"的忠诚度，实现从"出生到死亡"的终生服务盈利模式。新能源汽车时代，今天盈利主力——售后服务将演变为金融、软件升级互联和换件简单三项。到场消费频次降低，汽车4S怎样实现长久盈利？

"车不在场，服务到位"，汽车经销商将演变成实体体验店＋7×24远程服务＋零售型售后服务网点的"超体"模式：

① 实体旗舰店将主要作为新车和重大维修维护到场服务中心；
② 出售7×24远程服务应用监测，满足旅途中和在家车辆的服务需求；
③ 零售型精小、社区化网点应运而生，提供高频消费化服务；
④ 买车和服务流程将被设计得更为人性化；
⑤ 计算机、家电、旅游、房地产、学校、医院跨行业互联合作，提供高度定制化的服务。

实体汽车4S店功能被弱化，未来汽车4S的特点是小型化、车联网智能诊断、卫星服务点（社区）、个性化定制、服务移动（上门取送车）、租赁。

在远程、互联、人工智能技术成熟之前，汽车经销商现在就可以为未来的经营模式做准备。目前，经销商投资人最紧迫的任务不是买店扩张，而是加强建设线下、线上客户管理体系，探索最好的客户体验场景，客户才是保障汽车经销商"度过寒冬"最有价值的资产。

汽车4S店

汽车4S店全程运作与创新管理

第五部分

市场推广管理

01 第一章 Chapter One

市场推广前期管理

一、市场推广的目的

市场推广活动是刺激顾客购车和专营店销售的种种市场营销活动,是以求短期内达到效果的汽车促销方法。市场推广的主要目的如下图所示。

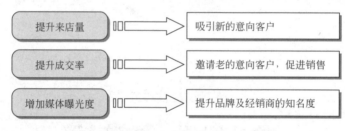

市场推广的目的

二、市场信息分析与反馈

汽车4S店分析"区域市场"的目的是为了发现销售机会。通过对本区域以及区域内客户分析,采取适当的市场推广活动,使得销售方式最优化。

1. 区域市场信息分析的主要内容

区域市场信息分析的主要内容如下表所示。

区域市场信息分析的主要内容

序号	信息分类	主要内容
1	区域市场动态信息	(1)市场规模分析及市场增长速度分析 (2)市场需求动向(如流行趋势、生活形态变化等) (3)经济与产业发展(区域的经济发展、经济增长率等) (4)政策法规、市场景气、消费趋势
2	竞争品牌分析	(1)竞争市场的格局及竞争者的优劣势 (2)主要竞争市场的占有率 (3)竞争品牌的市场推广活动、品牌销售策略、新车型推出 (4)竞争品牌的价格、促销方式、交货期、销售量

续表

序号	信息分类	主要内容
3	购车客户分析	（1）购车者总量 （2）购车客户的特征（如性别、车龄、职业等） （3）对价格、性能等的理解差异 （4）购车行为特点和购车决策过程 （5）对竞争者车型的选择因素（价格、性能、偏好等）
4	经销商内部分析	（1）销售途径政策、广告及促销政策 （2）交易条件或付款条件、销售方法 （3）销售顾问的"战斗力" （4）企业内部运营

汽车4S店市场部应有计划地收集各类信息并建立信息数据库，再将这些数据加以解读、分析并整理，从而发现自身服务的问题和相对弱项，向管理层提出分析报告和有针对性的改善建议。而管理层即可依据这些信息分析的数据和改善建议，做出相应的决策并制定改善方案或建立制度。

汽车4S店在做好市场分析的同时，也应该对公司自身的优劣势进行分析，以更好地应对市场的变化，做出相应的改善对策。

2. 区域市场信息分析与反馈要求

对于区域市场信息分析与反馈要求可用制度的形式确定下来，如下所示。

① 汽车4S店每周都应反馈区域市场动态信息，由市场专员汇总并分析当周的区域市场销售信息（数据），报市场经理审核，并制成"区域市场信息分析周报表"。

② 市场专员汇总并分析每周的客户来店（电）信息，交销售经理审核，并于每月1日完成"展厅来店（来电）客户统计分析表"。

③ 市场专员每季度统计分析购车客户的特征，制作"购车客户特征统计表""购车客户特征分析报告"，报市场经理审核。

三、广告宣传推广

广告的最终目的在于促进销售，汽车4S店广告宣传策略的关键是造成汽车4S店的个性化和与竞争对手之间的差异化，对客户产生吸引力，这也是制定广告定位策略的关键。

广告宣传截图

为了能达成与客户的接触机会，必须对广告媒体的类型与组合做最佳的安排投放，花最小的广告预算获得最大的宣传效果。

1. 汽车广告类型

汽车4S店在不同的营销活动中，采用的产品广告类型大致可以分为新车上市广告、阶段性产品广告、日常促销宣传广告三类，具体如下表所示。

汽车广告类型

序号	类型	目的	投放原则
1	新车上市广告	将新产品信息准确、迅速、及时地传递给受众，迅速、有效地建立公众对汽车品牌及新车的认知度；区域新车广告计划，以时间段分为上市前预热期、上市当日及上市初期三个阶段	由预热期的渐渐加强，到上市当日的最强，再到上市初期的渐渐减弱
2	阶段性产品广告	对已上市车型所进行的广告宣传，目的在于提醒潜在客户，对某车型的再度认知，使其产生习惯性需求	可考虑展厅客户来店（电）高低起伏周期来拟定投放计划
3	日常促销宣传广告	为达到销售目标所做的各种广告宣传活动。通过提供刺激诱因激发潜在客户对产品产生兴趣	必须注意促销活动时间长短，以及各节点活动的效率

2. 广告媒体的组合运用

媒体组合是指在同一个广告活动中使用两种或两种以上的不同的媒体，这是汽车4S店在进行媒体选择时的一种非常重要而有效的策略。正确使用媒体组合，可以扩大广告传播范围，使得不同媒体的优势互补，还可降低广告活动的成本，常用广告媒体的特点如下表所示。

常用广告媒体的特点

媒体名称	特点	操作要点
电台	优点：广泛，区域选择性强，费用较低 缺点：只有声音，不像电视那样引人注意	成本较低的广告媒体。选择当地公众最喜欢收听的频道，如交通台、音乐台、新闻台，以30秒和15秒为宜，并争取在一些汽车、交通栏目中，以嘉宾访谈等多种形式，软性宣传所销售的品牌
电视	优点：利用视觉、听觉和动作，富感染力 缺点：费用高，目标观众选择性少	应选择当地公众最喜欢收看的电视频道，并选择在晚间新闻前后、新闻专题报道中、黄金剧场中、汽车专题栏目或目标客户喜爱收看的栏目投放电视广告
报纸	优点：发行广泛、灵活、及时，保存性强 缺点：杂乱、针对性差、易被读者忽略	选择当地强势报纸或目标消费者集中阅读的报纸（内容健康、公开发行）的汽车版面、新闻（国内外新闻、当地新闻）版面上投放广告
路牌、楼宇	优点：广泛，区域选择性强 缺点：只有图像、图片宣传，吸引注意力不够，且目标寻找需准确定位	多选择目标客户居住的环境，并且配合巡展多次进行巡展讲解
LED视频	优点：利用视觉、听觉和动作，富感染力 缺点：费用高	多选择人流量密集的闹市区和步行街，并有效地配合定点巡展

媒体组合的优势体现在三个方面。

（1）重复效应 消费者接触广告次数越多，对产品的注意度、记忆度、了解度就越高，产品知名度越高。

（2）覆盖效应　媒体组合运用可增加广告传播的广度，广告覆盖面越大，产品知名度越高。

（3）互补效应　由于不同媒体各有利弊，因此组合使用能取长补短，相得益彰。

3. 汽车4S店广告宣传计划

汽车4S店区域广告宣传是在配合汽车厂家的广告宣传策略及汽车4S店的本身营销活动下所拟定的广告计划。汽车4S店必须设立专人负责宣传事宜。汽车4S店通常应按照汽车厂家在产品宣传和企业宣传方面的要求进行宣传。汽车4S店广告投放的要求如下图所示。

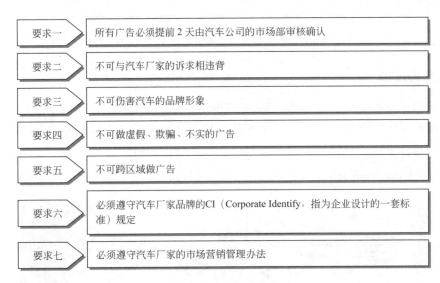

汽车4S店广告投放的要求

四、媒体公关推广

汽车4S店在区域市场中应重视建立及保持与媒体的良好关系，运用公关活动和其他方式创造所经营的汽车产品及企业形象，打造良好的知名度。

1. 汽车4S店区域媒体关系的维护

汽车4S店有义务和责任对区域媒体关系进行维护，以维护公司汽车品牌形象，扩大汽车4S店知名度，并且在危机报道出现时也可以有效地进行预防、消除或减弱。区域媒体关系维护的要求如下图所示。

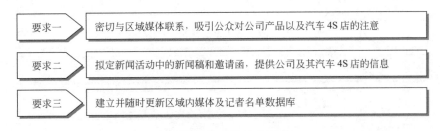

区域媒体关系维护的要求

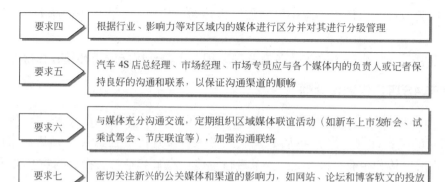

区域媒体关系维护的要求

2. 软文的投放

软文是指企业通过策划在报纸、杂志、DM（直接邮寄广告）、网络、手机短信、微信公众号等宣传载体上刊登的可以提升企业品牌形象和知名度，或可以促进企业销售的一些宣传性、阐释性文章，包括特定的新闻报道、深度文章、付费短文广告、案例分析等。有的电视节目会以访谈、座谈方式进行宣传，这也归为软文。

汽车软文营销截图

汽车4S店软文投放的要求如下图所示。

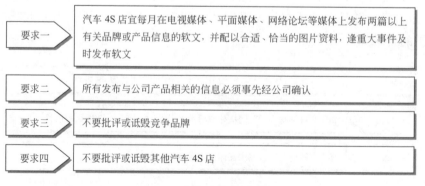

汽车4S店软文投放的要求

3. 大型公关活动

汽车4S店举办常见的大型公共活动包括新车上市发表会（媒体试乘试驾活动）、大型车主俱乐部活动等。

汽车4S店新车上市发布会现场图

此类大型公共活动的普遍特征就是相关性强、具有可传播性、大众的参与度高。

大型公关活动执行要领

序号	活动类虽	执行要领
1	媒体试乘试驾活动（新车上市初期）	（1）新车上市初期，汽车4S店应组织区域内相关媒体进行试乘试驾活动 （2）条件要求：选择环境良好的场地，尽量避开大量的人群；选择能体现车辆特性的匹配路线；确保车辆状态和性能；配备专业的驾驶员或教练，试乘试驾时在副驾驶座保证驾驶的安全并介绍车辆的情况 （3）试乘试驾后提供相应的车型资料，供媒体写稿使用 （4）事后对媒体进行跟踪，确保稿件的发行 （5）举办时机：与产品上市活动相结合，与促销活动相结合，与售后服务营销活动相结合
2	大型车主俱乐部活动	（1）活动内容有创意，要充分考虑车主需求，能调动车主的积极性，共同参与 （2）邀请相关媒体对活动做相应的宣传报道；通过车主参与活动的切实感受，建立汽车品牌及汽车4S店的口碑，以便向潜在客户进行有效的传播

4. 危机处理

汽车4S店的危机主要指的是能对汽车4S店、产品或汽车厂家产生一定不良影响的威胁。在危机出现后，及时有效的处理能将负面影响减少到最小，因此良好的媒体关系，是预防危机公关出现的关键因素之一，在危机出现后，通过良好的媒体关系管理也能避免危机事件不良影响的扩大。

一般来说，汽车4S店的总经理和市场部经理是危机处理的核心人员。汽车4S店应建立危机管理机制，主动积极地处理危机事件，协助汽车厂家及时有效地处理危机事件。

下面提供一份××汽车4S店危机公关管理制度的范本，仅供参考。

【范本】

××汽车4S店危机公关管理制度

一、制度内容及适应范围

① 本制度规定了如何应对媒体记者的采访、因客户投诉或因客户与公司发生纠纷造成的工商、税务、质监、环保等政府职能机构或单位对公司进行调查采访的应对办法。

② 本制度适用于总公司及下属关联分公司。

③ 本制度的内容适用于：产品及服务瑕疵危机处理办法；劳动、股东纠纷型危机处理办法；经营不良型危机处理办法；反宣传事件型危机处理办法等。

二、目标和原则

① 规范危机事件处理方式，及时有效化解并消除不利于公司的负面报道。

② 言论行为口径一致，及时反映、及时行动、扬长避短。

三、管理机构及职责

① 总经理办公室是公关危机管理的归口管理部门，各部门为危机风险汇报部门。各部门均在公司总经理的领导下共同策划、组织、实施危机解决方案。

② 公司总经理是本公司危机公关传播、管理的第一负责人。负责根据总经理办公室及公司各部门提报的危机事件执行策划方案的审核并组织实施；负责跟进事件处理过程并实施监督考核；负责对善后关系的长期维护与合作，是公司对外唯一的新闻发言人、面访的应答者。

四、危机事件的处理流程和办法

① 各分公司及各部门管理成员均应有危机意识，当遇到对外纠纷事项或负面影响事件时，应在第一时间反映、衡量该公关事件的严重性，主动判断事件的传播速度与途径，预见和判断公关事件的负面风险并上报至公司总经理办公室，积极参与并策划有效的公关危机应急方案。

② 总经理办公室负责人在获悉危机事件具体情况并核实相关情况属实后，在最短的时间内上报至公司总经理和最高领导人知晓，同时拟定危机事件处理方案，上报公司总经理核批。

③ 危机公众的现场应对方案如下。

a.礼貌接听通信设备涉及的相关言论，不随意回答公众提问，按公司危机方案确定话术实施。

b.发言人语言表达要求简洁、精炼，能陈述解决方案要点并表示诚/歉意；对预期整改的项目予以简谈。

c.公司总经理为公司对外传播指定且唯一的新闻发言人。

d.全体员工不得就危机事件对内、对外散播不当言论、个人臆想及推测。

e.公司管理人员需对媒体公众表示配合态度。对不便于发表的信息，说明理由，取得媒体的支持与配合。

④ 危机事件的善后处理如下。

a. 收集利益损失单位/个人对公司处理方案的满意度。

b. 跟进公关危机善后措施项目的执行情况。

c. 由公司总经理牵头组织成员对支持与配合处理此次公关危机的外部单位与个人致以感谢。

d. 表彰公司内部关于公关危机处理的先进团体与个人。

五、制度处罚规定

① 对未请示公司最高领导人同意，擅自实施或拖延实施危机处理方案对公司造成严重负面影响、名誉及经济损失情况的，对未参照制度相关规定及流程处理公关危机事件的责任人，都将予以全公司通报批评，并视情节轻重给予1000～50000元不等的经济处罚。

② 对未请示公司最高领导人同意，擅自面对媒体接受采访或调查，发表不当负面言论者，造成了公司名誉、经济损失情况的，公司将追究其法律责任。

本制度解释权归本公司总经理办公室。本制度自颁行之日起正式执行。

02 第二章 | Chapter Two

市场推广活动策划

一、建立目标

汽车4S店的市场销售、广告宣传与促销活动除了宣传推广品牌与产品之外,还兼具集客功能,扩大与客户的接触面,促进成交机会,直接带动购买热潮,达成预期利益。

1. 建立合适的目标

举办推广活动不能盲目跟从,要选择合适的促销时机。适当的促销时机一旦确定,促销的目标就显而易见了,具体如下所示。

建立推广活动的目标

目标分类	当前情况分析	建立目标
扩充基盘	总体市场下滑,来店(电)量明显减少	扩充____个基盘用户其中H、A、B、C级潜在用户各____人
	总体市场没有下,来店(电)量明显减少	
	逢传统的销售旺季、节假日,需要扩充基盘用户	
提升销量	销量较稳定,但长时间没有提升,需要有一定的提升	销量提升至____台/月
优化库存	整体库存偏大,部分车型库龄偏长	库存量压缩至____台
	库存结构不合理,需要消化部分车型并调整库存结构	调整库存A/B/C产品比例
宣传新品	有新品、改款车型上市	迅速提升新品基盘用户量____个
提升品牌	需要提升品牌认知度及美誉度	品牌知名度提____%
对抗竞品	需要适度地、有目的地打击竞争对手	市场占有率提高____%
	竞品有针对性的降价或促销活动	

2. 活动目标设定标准

活动目标设定标准如下图所示。

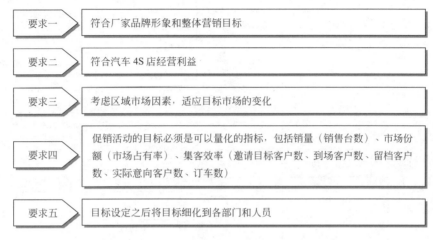

活动目标设定标准

二、确认对象

推广活动对象选择的正确与否会直接影响到促销的最终效果，所以汽车4S店须按以下要求来确认活动的对象。

① 促销活动针对的是目标市场的所有受众还是某一特定群体。
② 促销活动控制在多大范围的区域内。
③ 目标对象的收入情况。
④ 目标对象的特点及对产品性质、功能的理解。
⑤ 目标对象的消费习惯及爱好。
⑥ 目标对象的媒体接触习惯。
⑦ 竞品在此群体中的情况。

三、确认主题

汽车4S店的推广活动有很多种类，可根据不同类型促销活动的效果结合实际的促销目标，选择促销方式。

1. 确定活动种类

一般来说，汽车4S店的推广活动种类如下图所示。

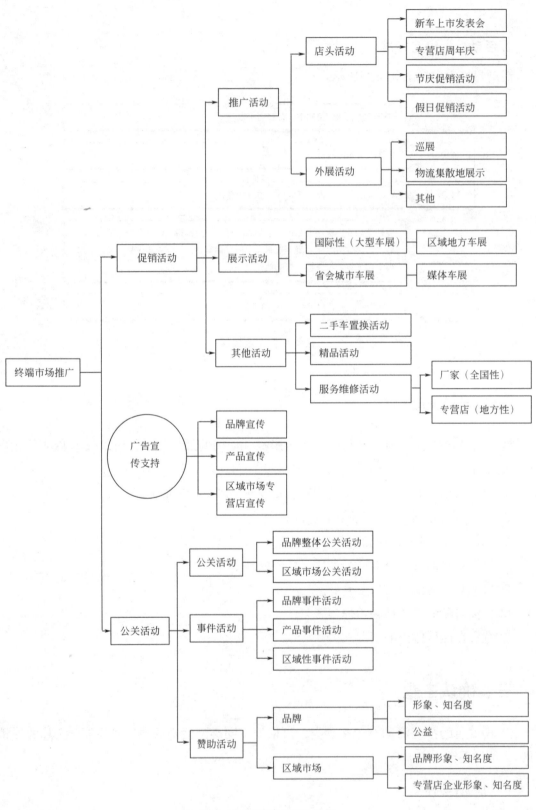

汽车4S店的推广活动种类

2. 确定活动内容

一般来说,汽车4S店的活动内容及效果如下表所示。

汽车4S店的活动内容及效果

活动内容		活动作用及效果
促销活动	推广活动	提供汽车购买的理由,考虑的是集客的"质(有效目标客户)"与"量(人气、人潮)"。促销活动也是一种市场竞争活动,需要有创意的构想、缜密的策划、长期积累执行经验,才能确保达到预期的效果
	展示活动	汽车展示活动主要是吸引客户关注,使其愿意接受产品介绍,或愿意留下其档案,并到店购买
	其他活动	二手车置换、服务维修活动等促销活动的目的主要是刺激消费者购买新车,提供便捷服务,提高客户的满意度和忠诚度
公关活动	公关活动	公关活动是为改善与社会公众的关系,促进公众对组织的认识、理解及支持,达到树立良好组织形象、促进商品销售的目的的一系列活动
	赞助活动	通过参与支持各种公益或社会福利活动,协调专营店与社会公众的关系,建立良好的企业形象
	事件活动	通过新闻炒作,吸引媒体,影响社会团体和消费者的兴趣与关注,以提高企业或产品的知名度,树立良好品牌形象,并最终促成产品或服务销售目的的手段或方式。事件活动也可称为"借势促销"。借助政策、社会事件、突发性事件、实事热点、社会焦点、文体事件等举办一系列的市场活动。事件营销涵盖并集市场推广、新闻效应、广告效应、公共关系、形象传播、客户关系于一体

3. 确定活动主题

选择什么样的促销工具和促销主题(降价、价格折扣、赠品、抽奖、礼券、服务促销、演示促销、消费信用还是其他促销工具),要考虑到活动的目标、竞争条件和整体市场环境。在确定了内容之后要尽可能使主题艺术化,淡化促销的商业目的,使活动更接近于消费者,更能打动消费者。这一部分是促销活动的核心部分,应该力求创新,使活动具有震撼力和排他性。

推广活动的主题按照不同的形式和目的可以有以下分类,如下表所示。

推广活动主题的分类

分类	主题类型	具体说明
A	以重大庆典活动为主题	包括开业典礼、店庆、×店销量突破n辆庆、×车上市周年庆等
B	以重大事件为表现主题	通过制造或利用有"焦点"新闻效应的事件,吸引媒体及公众的注意力,提升知名度及美誉度,从而促进销售,如"幻速"获得"国家名片"称号等
C	以重大节假日为主题	通过普天同庆的传统节日,抓住时机,突出节日卖场气氛布置,吸引顾客来店,并提升销量,如春节、劳动节、教师节以及具有地方特色的节日等
D	以广泛告知新政策或新产品为主题	使相关新政策或新产品迅速被广泛告知,并能获得深度的宣传,如新车亮相新闻发布会、媒体试驾会、记者座谈会、记者招待会、答记者问及平常与记者的联谊会等
E	以提升公司和产品形象为主题	介绍产品情况,公司情况;提高产品知名度和公司知名度,并创造直接销售机会等,如各类车展、小型户外展示、店内展示、巡游展示、优惠促销活动等

续表

分类	主题类型	具体说明
F	以浓厚的情感为主题	加强感情交流，巩固现有客户群；增强消费者对品牌的忠诚度和满意度；提升品牌形象，公司形象；发掘潜在购买机会等，如优质服务月、季节性回访、座谈会、联谊会等
G	以展示产品性能特点为主题	直接展开卖点诉求，创造直接销售的机会；突出产品特性，提高产品地位，如针对用户的产品试乘试驾会、对比试驾会、技术研讨会、赏车会、节油挑战赛、赛车等
H	以社会责任、社会公益为主题	提升品牌形象，公司形象；提升品牌知名度和美誉度；促进社会进步，推动公司发展等，如捐赠、希望工程、助（奖）学金、赞助体育赛事及其他各类慈善活动等

根据上表中既定的目的，可对活动主题作以下归类，具体如下表所示。

活动主题归类

目的分类	当前情况分析	开展活动种类
扩充基盘	总体市场下滑，来店（电）量明显减少	C、F、H
	总体市场没有下滑，来店（电）量明显减少	E、G
	逢传统的销售旺季、节假日，需要扩充基盘用户	A、C、E、G
提升销量	销量较稳定，但长时间没有提升，需要有一定的提升	D、F
优化库存	整体库存偏大，部分车型库龄偏长	A、B、C、E
	库存结构不合理，需要消化部分车型并调整库存结构	
宣传新品	有新品、改款车型上市	D、G、H
对抗竞品	需要适度地、有目的地打击竞争对手	A、E、F、G、H
	竞品有针对性的降价或促销活动	

四、拟定方案

确定了推广活动的目标与主题后，汽车4S店的市场部就应该制定具体详细的推广方案。方案应包括活动时间、活动区域、组织机构图、活动分工、活动流程及控管、物料准备、广告（公关）计划制订等内容。

1. 活动时间

制订推广（促销）计划时，首先要决定活动的实施期限，这是活动成败的关键。

2. 活动区域

活动区域由销售服务商选择决定，一般要与自己的经销区域相符。

3. 组织机构图

活动中应有明确的组织机构并建立组织机构图。

4. 活动分工

方案中应对活动任务有明确的分工，如下表所示。

活动分工

任务组		工作职责
管理组	项目经理	●由市场推广经理或品牌经理担任 ●负责参与项目策划 ●负责管理市场活动的组织、实施、人员安排调度、设备安排、节目安排、进程控制等 ●负责与专营店内部相关部门沟通 ●活动前，负责对活动参与工作人员进行培训和辅导 ●活动现场监督管理，决定现场状况及临场问题的处理方式 ●随时掌握到场来宾人数、留档客户数、意向客户数 ●活动后活动效果的分析与总结
	现场督导	●控制活动实施进程，管控活动节目的进行状态，使活动流程顺畅，气氛热烈，检查提醒现场工作人员保持最佳工作状态和礼仪规范 ●确保活动良好运行 ●确保促销礼品、赠品数量 ●协调各组组长 ●处理突发事件
接待组	迎宾接待	●引导停车，指引方向 ●接待客户签到、提供赠品、资料、引导入座 ●提供饮料点心
	活动接待	●由销售顾问担任 ●分区负责客户接待 ●负责分区产品介绍 ●分派专营店资料、产品资料、个人名片
咨询洽谈组		●由资深销售顾问、销售主管、品牌经理担任 ●引导意向客户做进一步洽谈（询问客户需求、车型推介说明、试车安排或报价咨询）
活动组		●由市场部人员担任 ●负责并保证活动节目顺畅进行 ●负责场地布置与后勤的临时性作业与调整工作
车辆管理组		●可由后勤人员担任 ●负责确保展车、试乘试驾车的性能完好 ●接送车辆的调度与安排 ●车辆清洁的维护

5. 活动流程及管控

活动流程及管控可按下表所示设置。

活动流程及管控

流程图表	管理要点	管理工具/表格
终端推广活动准备	（1）活动通知：在相关场所张贴活动内容，或与当地的媒体做广告 （2）任务编组 （3）媒体沟通与采访话术准备 （4）工作分配：活动内容与目标的说明，任务、职责分解、活动流程说明、礼品发放原则、统一话术培训、统一服装要求 （5）活动执行公司选择 （6）应急方案的确定 （7）最后确认及彩排	物品明细表 准备进度推进表

续表

流程图表	管理要点	管理工具/表格
市场推广活动推进执行规划	（1）活动流程 （2）活动执行任务编组 （3）活动配合工作与注意要点	市场推广活动执行进程表
活动现场布置	场地、车辆、人员、物品	
迎宾/服务接待	（1）迎宾 （2）车辆导引 （3）签到 （4）接待寒暄 （5）安排入座	
活动内容进行	（1）车辆展示 （2）试乘试驾 （3）节目 （4）抽奖 （5）其他	
客户动态掌握	（1）咨询 （2）产品介绍 （3）订购 （4）洽谈 （5）客户留档	
送别客户		
分析、汇整客户信息资料		
跟踪回访	对有效的客户，制订追踪计划	
活动效果评估分析		

6. 物料准备

在物料准备方面要事无巨细，制作"物品准备明细表"，按项目罗列，然后清点清单，确保万无一失。

7. 广告（公关）计划制订

广告传播、公关软文的计划拟定，基本要考虑及解决以下问题。
① 投放目的：想要什么效果？
② 目标受众：想对谁说？
③ 覆盖面：想对多少人说？
④ 投放频次：说多少次才能让大家记住？
⑤ 投放区域及媒体：选择什么地方的什么媒体？什么时间段说？

⑥ 投放时间：什么时候说？说到什么时候？
⑦ 投放预算：该花多少钱？

五、策划预算

一个策划完成后并且可实施的促销活动，应对促销活动的费用投入和产出做出预算，此预算应在年度预算范围内执行。

六、执行与控制

执行与控制主要是指活动前期的准备工作、活动中的执行与控制管理、活动的后续跟踪这三个方面。

1. 活动前的准备工作

活动前的准备工作如下表所示。

活动前的准备工作

序号	准备工作	具体内容
1	场地勘察	场地勘察工作是较大型活动执行的起始工作，勘察结果的决策需要考虑到以下事项 （1）场地大小是否能满足活动内容 （2）场地特点是否便于活动的开展 （3）场地位置是否便于目标人群的参与 （4）场地周围环境是否会影响活动开展效果
2	现场规划设计	现场规划设计一般由销售服务商在利用已有物料设计基础上展开，应该注意以下事项 （1）注意依据活动内容规划场地板块 （2）注意设计与活动主题的呼应 （3）注意整体设计风格的协调 （4）注意活动现场的人员流通性 （5）注意规划设施的可再利用性
3	车辆准备	活动中使用的车辆要求外观和车况良好，试乘试驾车需要有标准的车贴标识
4	人员邀请	人员邀请一般针对媒体、政府、行管、VIP（大）客户等特殊人群展开。人员邀请要注意传达以下信息 （1）邀请对方参加活动的主题、内容、时间和地点 （2）与该活动有关的注意事项 （3）期待对方接受邀请并可表示感谢 （4）注意让对方能够把握活动的特色，唤起对方的参与兴趣
5	场地布置	要求符合规划设计，注意施工质量；依据布置效果临时做优化调整

2. 活动中的执行与控制

推广活动中的执行与控制要点如下表所示。

推广活动中的执行与控制要点

序号	执行与控制要点	具体内容
1	活动控制	由销售服务商核定的主要人员主导，一般包括的工作内容如下 （1）时间控制：开始时间监控、板块内容节点监控、重要内容流程监控、结束时间把控 （2）人员控制：主要针对活动的一般管理人员进行监控 （3）临时特别事件处理监控
2	现场管理	由执行人员负责开展，一般包括的内容如下 （1）现场物料管理 （2）人员管理：对活动的一般工作人员进行监督管理 （3）现场设施管理 （4）活动环境秩序维护 （5）活动效果监督促进
3	现场资料留存	应该对活动资料进行留存，对日后活动形成促进或作为参考，一般包括的内容如下 （1）活动的照片资料 （2）活动的音像资料 （3）活动过程中参与人员题词等纪念性资料 （4）活动过程中的客户登记及调查资料

3. 活动的后续跟踪

活动的后续跟踪要点如下表所示。

活动的后续跟踪要点

序号	跟踪要点	具体内容
1	资料整理	对活动留存的资料进行分类、归档，其中最重要的就是整理参与客户登记及调查的资料
2	活动效果总结	活动开展后，应该对活动进行总结，以期以后活动效果得到提升，主要包括以下内容 （1）活动效果整体评估：用户反应、活动组织、近期销售情况、竞品针对性反应 （2）活动参与人群：参与活动的人数（老用户、意向用户、其他人员各多少人）、参与此活动用户基本资料的列表 （3）活动费用：现场活动费用列表、广告传播费用列表 （4）活动照片：物料照片、现场活动照片 （5）传播照片：可考虑注明媒介名称、规格、日期等信息 （6）费用凭证：合同、发票复印件等

七、效果评估

活动结束一周内，汽车4S店应针对活动进行总结，制作促销活动总结报告。

1. 评估纬度

评估纬度的内容如下表所示。

评估纬度

评估纬度	说明
活动前设定目标的达成情况	将活动收集分析的"实绩"数据与活动前的"目标"相比较，得出目标达成率（如集客率、订单数、成交率、费用等）
活动对销售的影响	纵向比较：活动前、活动中、活动后销量比较 横向比较：与市场份额、品牌地位相当的竞争车型同期销售比较

续表

评估纬度	说明
活动利润的评估	活动实际开支与预算对比 根据实际销量增长数,掌握活动的实际成本
品牌形象提升	评估活动后客户对品牌、专营店态度的转变,行为的转变

2. 评估的KPI指标

汽车4S店可对推广活动的评估制定如下表所示的KPI指标。

评估的KPI指标

关键指标	指标定义	说明问题
集客数	活动前邀请的客户数量	体现专营店客户管理及维系的能力
到场客户数	实际到场的客户数量	体现专营店的集客效果
集客率	实际到场的客户数量/活动前邀请的客户数量	体现专营店的集客效果
现场收集意向客户数	活动现场留下联系信息的意向客户数	体现专营店留档机制是否完善
现场订单数	活动现场订单数量	说明销售顾问把握成交的能力,体现活动效果
成交比率	订单数/到场客户数	说明销售顾问把握成交的能力,体现活动效果
营销费用总额	此次活动所有营销费用总额(包括广宣、推广活动等)	了解专营店的营销投入成本,与实际销量相结合,体现专营店营销推广效果

3. 市场推广活动总结

总结的目的不仅仅是为了调整效果不佳的促销手段,也是为了归纳市场活动成功或失败的经验,为后续的市场推广工作积累经验,使以后的推广方案能更有效地为实现营销目标服务。只有不断地进行PDCA(PDCA是英语单词Plan——计划、Do——执行、Check——检查和Action——纠正的第一个字母,PDCA循环就是按照这样的顺序进行质量管理,并且循环不止地进行下去的科学程序),才能使市场推广工作做得更好。

下面提供一份××汽车4S店市场推广运作制度的范本,仅供参考。

【范本】

××汽车4S店市场推广运作制度

一、目的

为了顺利建立汽车4S店的市场运作体系,完善公司的市场管理,促进市场发展,特制定本制度。

二、适用范围

本制度适用于汽车4S店市场推广运作。

三、权限及责任设定

1.总体原则

所有宣传、推广、让利、促销、对外发布信息、赠送、硬件制作、市场调研等活动均需要申报经营管理中心，批准后方可执行。

2.具体规定

① 市场经理（专员）对市场活动的策划及其最终达成的效果负责。

② 销售和售后以及其他部门对市场活动的执行情况负责。

③ 经营管理中心和市场部对活动执行情况进行监督及检查，将活动中出现的问题及时反馈到相关部门，并加以解决。

④ 经营管理中心对市场部进行职能管理，对核批后的市场推广策划方案具有最终解释权，并对企业整体市场活动的效果负责。

⑤ 企业各级人员在没有得到公司授权的情况下，不得对外发布任何信息。

四、市场推广促销、审批

1.市场推广的目的和其中关键的节点

在做市场推广时，一定要知道市场推广的目的和其中关键的节点。

2.市场活动审批规定

① 市场推广策划方案严格按照市场推广计划执行，计划内市场推广方案的实施，须呈企业品牌督导签批并经营销总监核批后实施执行。

② 市场推广策划方案由市场经理拟订，包括销售、售后重点及促销方案，以及预期效果分析。

③ 市场推广策划方案须备份至品牌督导、营销总监、财务总监处，由市场经理（专员）负责。

④ 市场推广策划方案经核批后由销售、售后经理按方案执行。

⑤ 市场经理须对方案执行情况进行监督并做出分析总结。

⑥ 市场经理对市场活动进行总结，并于活动结束后一周内将活动分析表反馈至经营管理中心市场部。

五、市场预算

（略）

六、市场调研计划流程

1.市场调研计划的步骤与主要思考问题点

市场调研计划的步骤与主要思考问题点如下表所示。

市场调研计划的步骤与主要思考问题点

序号	广告计划主要步骤内容	主要思考问题点
1	调研阶段：分析产品，确定定位	（1）产品有什么特性 （2）产品的形象如何 （3）依据是否合理 （4）市场上同类产品有哪些，特点是什么 （5）竞争者有哪些，主要是谁
2	同类产品分析，确定竞争对手	（1）与竞争者比较，优势在哪里，有什么劣势 （2）竞争者的产品定位策略 （3）竞争者的广告活动特点是什么 （4）市场的发展动向 （5）产品畅销与滞销的地区在哪里 （6）产品的市场占有率是多少，发展情况预测怎样

续表

序号	广告计划主要步骤内容	主要思考问题点
3	市场营销分析：确定市场营销目标	（1）本次的营销目标市场在哪里 （2）本次期望达成的目标销售额及市场占有率是多少 （3）市场发展机会点在哪里，潜在市场在哪里 （4）现有消费群有何特点，详细描述生活形态 （5）现有产品购买者的消费行为，购买动机 （6）现有消费者的产品或企业的态度
4	消费者分析，确定广告受众	（1）潜在消费者群的基本特征、年龄、性别、文化程度、职业、家庭状况、收入 （2）潜在消费群消费习惯、生活形态、业余爱好、社会地位、社会关系 （3）如何把潜在消费者转化为实际购买者 （4）广告受众的选择、人数、分类、分布地区

2.市场调研计划的审批规定

① 年度、月度、重大专项调研计划，呈报营销总监审核。

② 一般常规调研计划由经营管理部督导批准，直接进入市场调研流程。

③ 重大专项调研计划按调研立项流程执行，由财务中心进行预算分析。

④ 单次预算金额在____元以上，必须经过财务部进行预算分析并签署同意方可执行。

七、市场策划案审批

1.编写市场策划书

2.市场策划案审批规定

① 企业层面的市场推广活动必须提交策划书。

② 门店在单次推广超过____元（包括直接及间接成本，如售后折扣等），必须提交策划书。

③ 市场策划书必须由市场部经理（专员）提交。

④ 策划书经过经营管理中心批准后，填制"企业促销方案申请表"，并执行促销计划流程。

八、促销

① 市场部按月度提供月度促销计划，每月5日前提交下月促销计划（如1月5日提交2月促销计划）。

② 市场部每月第一周周五召开市场部工作会议，对上月市场部工作进行总结和回顾。

③ 市场部每季度最后一个月20日前提交下季度促销计划。

④ 每月5日前提交"月度市场会议汇报基础表格"。

九、市场信息收集

① 销售、售后部门每周提供市场部要求的数据，并对所提供数据的真实性负责。

② 市场部经理在得到企业经营管理中心批准后，可以采用查看监控录像、客服回访等方式对数据的真实性进行核查。

③ 门店每月商务政策需抄备市场部和经营管理中心品牌部。

④ 如发现相关部门传递数据中存在重大误差的情况，将对相关责任人进行处罚。

⑤ 每月市场部经理必须提交厂家促销政策到经营管理中心。

十、市场会议

市场会议是保证信息传达的重要途径，定期召开市场会议可为市场工作及时调整方向。

① 每月第一周周五召开全体市场部人员工作例会并完整填制相关报表。

② 每季度第一周召开季度市场部会议，提交上季度总结和本季度市场计划。

③ 每周门店召开例会，市场部对月度市场计划进行总结和分析，并对下月市场活动进行规划。

十一、合同及报销规定

（略）

汽车4S店

汽车4S店全程运作与创新管理

第六部分

售后服务管理

第一章 Chapter One

维修保养预约

一、维修预约分类

维修预约可以分为主动预约和被动预约。

1. 主动预约

现在有很多车主不懂得车辆知识,不知道什么时候应该做保养,更不知道车辆有没有故障,汽车客服人员可以根据掌握的客户档案,打电话给客户,了解他的车辆的运行状况,为客户制订一套保养计划;然后在应该保养的时候提前通知他,即进行预约;同时参考车间的维修量、工作负荷对客户进行合理的安排,这就是主动预约客户。

2. 被动预约

有些客户在开车的时候发现车辆故障;或者他自己看车主手册,觉得应该到保养时间了,这时候他为了节省时间,不想排队,就会打电话预约一个时间,以便维修中心能够在他到来之前准备好必要的工具、配件和工位,使他一来就能够马上为他的车辆服务,这就是被动预约。

二、实行预约的好处

无论是对于客户还是汽车服务企业来说,预约都是有许多好处的。做好预约工作,可以让双方更好地合作,当然,也能让客户更加满意。

1. 对客户的好处

实行预约,对于客户来说,具有右图所示的好处。

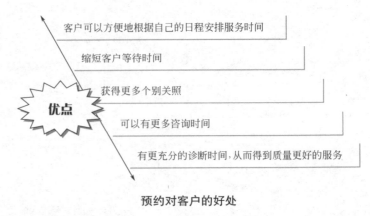

预约对客户的好处

2. 经销商

实行预约，对于经销商来说，具有下图所示的好处。

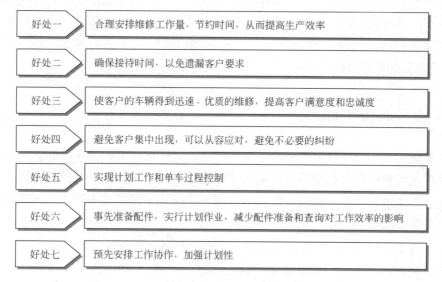

预约对经销商的好处

三、预约的内容

一般来说，预约包括下图所示的内容。

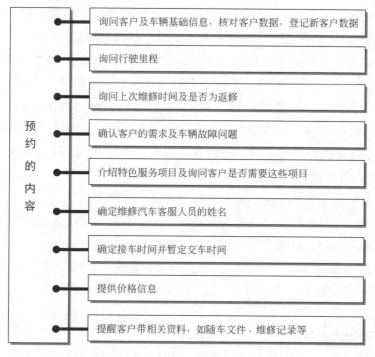

预约的内容

四、预约的要求

汽车4S店客服人员在预约时，要做到以下两点。
① 使用"预约登记表"或汽车维修管理系统进行预约，对预约能力进行分析。
② 引导客户预约，设立预约客户欢迎板，展示预约流程图，对客户进行预约宣传，采取优惠手段激励客户预约。

五、预约准备工作

① 草拟派工单，包括目前为止已了解的内容，这样可以节约接车时间。
② 检查是否是返修，如果是则要填写"返修车处理记录表"，以便特别关注。
③ 检查上次维修时发现但没有纠正的问题，记录在本次订单上，以便再次提醒客户。
④ 估计是否需要进一步工作。
⑤ 通知有关人员（车间、备件、接待、资料、工具）做准备。
⑥ 提前一天检查各方的准备情况（技师、备件、专用工具、技术资料）。

六、预约规范

汽车客服人员要按照预约规范操作，规范化的操作可以让客户感到值得信赖。
① 预约电话铃响三声内，须有人接听电话。
② 接受电话预约时，应仔细倾听预约客户的要求，并记录于预约电话登记表上。
③ 接受电话预约时，如果无法回答客户的问题或顾虑时，应亲自联络其他人员协助。如果一时不能解答客户的问题，应向客户承诺何时能够给予答复。
④ 在预约结束前向客户再次确认客户的要求，如客户的预约维修时间、故障描述及客户的要求等，同时根据客户需求，做出对维修费用的大致估价，并向客户说明。
⑤ 守约。告诉客户工位预留时间。预留时间指超过预约时间的工位再等待时间。预留时间因地域不同而不同。如"预留时间为10分钟"意思是超过10分钟意味着客户自动放弃预约，原预留工位将另行安排。告诉客户你将"提前1小时再次确认"，即给客户打电话确认客户是否准时赴约。
⑥ 提醒客户带随车文件和随车工具，如行驶证、保养手册等。
⑦ 预约结束时须向客户表达感谢，欢迎客户光临本服务维修企业。
⑧ 对预约成功客户，可说："谢谢您的预约，我们恭候您的光临！"
⑨ 对于未预约成功的客户，可说："非常抱歉，这次未能满足您的需求。如果您今后有需要，欢迎再次预约。"

七、预约注意事项

汽车客服人员在预约中，要明确努力做到和尽量避免的工作事项。

预约注意事项

序号	类别	具体事项	备注
1	努力做到	（1）在预约电话铃声响三声内接听 （2）记录好所有需要的信息和客户对故障的描述 （3）进行诊断，必要时向维修技术员或技术专家求助 （4）告知客户诊断结果、解决方法以及所需费用和时间 （5）根据客户要求和车间能力约定时间 （6）告知客户将由哪位汽车客服人员进行接待 （7）及时告知汽车客服人员和备件部门预约情况 （8）备件部门设立专用货架存放预约的备件 （9）汽车客服人员负责监督预约的准备工作（委托书、备件、专家、技师和工位、设备/工具、资料） （10）如果不能履行预约时，及时通知客户并另约时间 （11）提前1天或1小时确认各项准备工作和客户履约情况 （12）预约客户来时，汽车客服人员在场，并进行接待	
2	尽量避免	（1）客户和车辆信息或故障描述记录不全 （2）不对故障进行诊断 （3）不按车间维修能力安排预约 （4）客户不知道谁会接待他 （5）预约情况不及时通知有关部门和人员 （6）备件部门没有为预约客户预留备件 （7）准备工作不充分 （8）客户已经前来才通知不能履约 （9）不提前确认准备工作和客户履约情况 （10）客户前来时，负责接待人员不在场	

下面提供一份××汽车客服人员预约过程的范本，仅供参考。

【范本】

××汽车客服人员预约过程

序号	步骤名称	对话
1	应答并自我介绍	A：下午好，这里是××汽车服务部，我是×× B：我想给车做个保养，顺便修一下排气系统
2	询问客户姓名和车辆详细情况	A：当然可以了，能告诉我您的姓名以及车型吗？ B：××，车型是×× A：没错，我想起来了，红色的××，××车型 B：对，就是它，已经行驶了70000千米，最近我发现排气系统开始出现噪声，我认为需要换个后消音器。您能安排明天吗？星期四？
3	为客户提供若干选择时间：星期几，几月几日	A：非常抱歉，×先生，明天的预约已经满了。做保养和维修排气系统至少需要3小时。我们可以将预约安排在下星期二、星期三或星期四的任意时间，您方便哪天来？ B：排气噪声太恼人了，我想越快解决越好。你们能星期二上午维修，然后中午交车吗？ A：好的。我们可以在星期二上午8:30开始工作，即使要更换整个排气系统，不单是消音器，到12:00时我们也可以将车辆备好
4	如果可能，提供报价、保养、基本维修	B：太好了！那就定在下星期二上午吧。顺便问一下，价格是多少？ A：70000千米保养需××元（含零件、润滑油和工时费），更换后消音器需××元。如果需要更换整个排气系统需花费××元（含工时费），检查车辆后我将给您一个明确的报价

续表

序号	步骤名称	对话
4	如果可能，提供报价、保养、基本维修	B：但愿只更换后消音器就可解决问题，那就将预定在星期二吧。但是请你确认能准时交车，我14:00有个约会，需要用车
5	确认和客户达成的协议，重复星期几，几月几日，时间和客户的要求	A：我们确定能准时交车，那么，×先生，我们将预定在下星期二，即5月23日上午8:30，为您做70000千米保养并解决排气噪声问题。车辆维修将于中午12:00前完成 B：好的
6	确认是否需要为客户提供交通工具	A：顺便问一下，需要为您提供交通工具吗？ B：不用了，我的朋友会来接我
7	感谢客户	A：感谢您致电！咱们下星期二上午8:30见 B：谢谢你！再见

注：A代表汽车客服人员，B代表客户。

02 第二章 Chapter Two

维修保养接待

一、接待前的准备工作

在开始接待工作之前，对当日预约车辆情况、相关部门人员出勤情况、工作用具情况、环境设施情况进行逐一检查，如有问题及时纠正和预防。具体要求如下图所示。

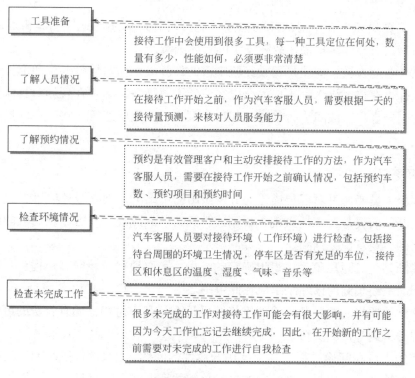

接待前的工作准备

二、客户车辆防护

在初步了解客户需求之后，如判定客户车辆需要进行维修或保养操作，应在第一时间使用"四件套"快捷、到位地对客户车辆进行防护，以示对客户车辆的重视，体现对客户的关心和尊重，能使客户感觉舒适。

在未使用"四件套"时，禁止任何工作人员进入客户车内，即使客户表示不用，在进入车辆之前也必须使用"四件套"，表示出我们的工作态度和对客户车辆的重视程度。

 小提示

车辆防护不只是使用"四件套"，在驾驶客户车辆、开关车门、检查电器故障时都要小心、轻柔，绝不可在和客户交谈时扒靠开启状态的车门、倚靠车辆。

三、进行问诊、预检

许多客户不仅仅是为了保养或者有很明确的维修要求，只是觉得车辆某些方面可能有问题，这就需要汽车客服人员能够通过问诊和车辆预检发现问题，并以专业的知识为客户提供维修建议，或者消除客户的疑虑。

1. 倾听客户描述

仔细、认真地倾听客户对故障的描述，通过对客户描述的记录和分析可做出初步判断，通过适当的引导让客户描述故障发生的具体细节。

客户不是专业人员，即使是驾驶经验丰富的驾驶员，在对故障部位和部件名称的说法上与实际往往也有很大出入，不要完全以客户的说法理解，必须在现场对具体部位或部件进行确认。引导客户对故障进行描述，如出现频率、发生状态等。将客户的描述准确地记录在工单上。

2. 初步诊断

汽车客服人员要通过对客户描述的分析做出初步结论，确立服务项目。

做出判断的前提是在现场重现（看到或听到）的故障现象是客户报修的故障现象，不可按照自己的主观意识去判断。

初步诊断某些故障现象无法得出确定的结果，需要根据经验向客户提出几种可能的维修方向，同时最终车间的诊断结果应在此范围之中。

在确立维修项目时要判断最终的维修结果是否需客户付费，如有收费的可能，需要提前告知客户并得到客户的认可。

汽车客服人员在问诊过程中尽量运用开放性的问题，比如用"5W1H"提问引导客户对故障进行描述，最后用封闭性的问题进行总结并征询客户的意见。

比如，一个客户抱怨车辆左前部有异响，可以通过开放性的提问，引导客户提供所需的信息。

汽车客服人员："您的车辆的声音具体是从哪个部位发出的？"
客户："好像是左前轮附近。"
汽车客服人员："是在什么路面下响？"

客户:"在平路和颠簸的路面都会响。"

汽车客服人员:"什么时候响?"

客户:"在转弯和原地打方向时响得厉害。"

当收集到有用的信息后,就可以用封闭性的问题进行总结,如下所示。

汽车客服人员:"您是说您的车在平路或者颠簸的路面,转弯或者原地打方向时左前车轮附近响,对吧?"

客户:"是这样的。"

汽车客服人员:"根据您的描述,我判断可能是左前外球笼有问题,我们可以先试试车,检查一下外球笼。"

3. 预检

通过预检可以增加维修项目,进行服务营销,增加单车产值,发现车辆存在的潜在问题。

(1)要进行预检的车辆 当客户抱怨车辆有问题而不能直接判断时,那些车辆使用年限超过2年或者车况较差的报修车辆。

(2)预检的方法 对于年限超过2年的车辆应该按照《车辆入场检查》文件的要求进行检查;对于客户抱怨有问题的车辆应该根据客户的描述重点检查,必要时请求技术专家的帮助;充分利用预检工位的举升机进行检查,特别是对于车辆底部的检查。

4. 环车检查

在正式确立维修内容之前,需要和客户一起对车辆进行仔细检查,和客户共同确认并记录车辆情况,帮助客户了解自己车辆的基本情况,保证客户在取车时车辆情况保持一致。汽车客服人员快速对车辆外观、内饰、发动机舱和后备厢进行检查,对于发现的问题及时告知客户并给予相应解决方案。

(1)环车检查路线 沿着一定的路线和方法进行环车检查可以大大节省时间并且做到不遗漏检查部位。建议环车检查路线如下。

从左前门开始,首先打开左前门,查看里程数并打开发动机舱盖,然后检查左前翼子板、车辆前部、发动机舱、右前翼子板、右前门、右后门、右后翼子板、车辆后部、后备厢、左后翼子板、左后门、左前门、车辆内部。视线要从上到下,特别是保险杠下部、轮胎及轮毂、车门槛下部、后视镜等容易忽视的地方。

(2)检查内容 环车检查的内容如下表所示。

环车检查的内容

序号	部位	具体内容
1	车外部	车身漆面、玻璃、后视镜、轮胎、大灯和尾灯、天线、车标等
2	车内部	座椅、仪表板、仪表警示灯、油量、里程、按钮、控制面板等
3	发动机舱	各种油位、液位、发动机状况、水箱等
4	后备厢	随车物品、备胎、随车工具等

(3)操作要点

① 对检查中发现的问题必须客观准确地告知客户。

② 如客户报修需要检查异响或线路问题,重点检查故障部位附近的外观情况是否有维修过的痕迹。

③ 将检查中发现的问题准确地记录在工单上。

④ 在检查中发现自己不能处理的问题不要按自己的想法敷衍客户。

⑤ 环车检查也是服务销售的过程,严禁夸大问题。

⑥ 如客户报修的故障现象可以重现,在现场和客户共同确认故障现象,保证出现的故障现象和客户描述的故障现象一致。

(4)填写"接车问诊表" 检验完成后,填写接车问诊表并经客户签字确认。"接车问诊表"一般一式两份,一份交由客户保管,一份由公司保管。

下面提供一份接车问诊表的范本,仅供参考。

【范本】

接车问诊表

客户姓名			登记号		
车型			登记日期		/ /
控制系统类型			车身代号		
·接车日期		/ /	里程表读数		_____ 千米

	故障发生日期	
	故障发生频次	□经常 □有时 □仅一次 □其他
使用情况	经常运行环境	□城市道路 □乡间道路 □高速公路 □其他
	经常行驶速度	□低速行驶 □高速行驶 □城市道路走走停停 □其他
	经常使用的挡位	□1挡 □2挡 □3挡 □4挡 □5挡
	经常使用的燃料	□严格按照车辆要求燃料标号 □使用较低标号燃料 □经常使用乙醇汽油 □偶尔添加乙醇汽油
维护和维修情况	上次维护时间	
	调整过哪些部件	
	拆装过哪些部件	
	加装过哪些东西	
	是否使用添加剂	□是 □否 什么样的添加剂_____
	曾经发生过什么故障	
	更换过哪些部件	
	最近是否维修过	□是 □否 因什么故障维修_____
	维修后故障症状是否消失	□是 □否
	维修后是否又产生其他异常现象	□是 □否 产生的新故障现象_____

续表

故障发生的条件	天气	□晴天 □阴天 □雨天 □雪天 □其他
	气温	□炎热天 □热天 □冷天 □寒冷天（大约____摄氏度）
	地点	□高速公路 □一般公路 □市内 □上坡 □下坡 □粗糙路面 □其他
	发动机水温	□冷机时 □暖机时 □暖机后 □任何温度 □其他
	发动机工况	□启动 □启动后 □急速 □无负荷 □中小负荷 □大负荷 □行驶（□匀速 □加速 □减速）□其他
	故障出现的频率	□间歇发生 □偶然发生 □一直存在 □有规律性
	转速或车速	□发动机急速运转 □发动机中速运转 □发动机高速运转 □所有转速下 □车辆低速行驶 □车辆中速行驶 □车辆高速行驶 □与发动机转速和车速无关
	其他	
故障现象（以发动机为例）	故障指示灯状态	□常亮 □有时亮 □不亮
	不能启动	□发动机不能转动 □无启动征兆 □有启动征兆 □启动后熄灭
	启动困难	□冷车启动困难 □热车启动困难 □启动时发动机转速低
	急速不良	□游车（急速不稳） □急速高 □急速低 □急速抖 □发动机负荷增加时急速不良
	动力不足	□加速迟缓 □回火 □放炮 □喘振 □敲缸 □其他
	熄火	□启动后立即熄火 □踩加速踏板后熄火 □松加速踏板后熄火 □空调工作时熄火 □挂挡时熄火 □其他
	其他	

5. 同客户确定维修项目、工期、价格

经过初步诊断确立维修项目后，向客户做出价格估算和预计完成的时间。通过专业知识将客户的需求转化为服务产品。

① 对某些检查项目可能涉及客户使用问题导致无法索赔维修时，需要提前告知客户，将可能的收费告知客户，客户同意后再确定维修项目。

某客户报修车辆在不平路面行驶时车辆前部异响，经技术专家试车确定响声在前翼子板内部，由于车辆在保修期内，于是进行索赔维修，当打开翼子板才发现该车做过钣金维修，异响是由上次施工质量问题造成的，经与客户核实，上次施工在其他小修理厂进行，此次检查工作不在索赔范围内，由于未提前和客户说明，也无法向客户收取相应费用。

② 对现场检查可以重现的故障现象，需向客户告知可能的维修方向，进一步确定维修方案的时间和联系方式。

③ 对现场检查无法重现的故障现象，需征求客户意见是继续使用观察还是留厂观察，只有见到故障现象才能进行相应检测。

6. 核对客户信息、建立维修委托书、打印维修委托书

在客户认可维修工作之后，将确认内容形成纸质合同（维修委托书）。将已和客户确认的维修项目、维修估计和预计完成时间打印在工单上。

维修委托书是客户委托维修服务企业进行车辆维修的合同文本。

维修委托书的主要内容包括客户信息、车辆信息、维修服务企业信息、维修作业任务信息、附加信息及客户签字。

核对客户基础信息，重点是联系方式，如有出入，必须立即在系统中更正。特别要注意那些送修人与车主不同的维修需求，必须记录送修人的电话，方便联系。

7. 五项确认、客户签字

在维修委托书打印完毕之后，将下图所示的五项内容逐一和客户正式确认并请客户在维修委托书上签字，交给送修人维修委托书客户联作为取车凭证。

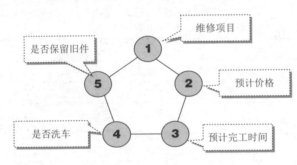

需确认的内容

必须对客户进行逐一讲解，确认客户真正理解。签字不代表客户完全理解。

在接待过程中客户随着心情逐渐进入舒适状态，对汽车客服人员也逐渐建立了信任，一部分客户对价格和时间等细节就不太关注了，充分信任汽车客服人员，对具体的价格和时间没有注意看就签字确认，但在取车结算时发现和自己的理解有很大出入，造成不满，认为受到了欺骗。

8. 安排客户休息

维修委托书确认完毕，根据客户的需要安排客户休息或离店。

指引客户到休息区，告知客户休息区的休闲娱乐设施，告知客户如有问题找到自己的方式。店内提供接送车或出租车电话，方便离店客户。

千万不要不理睬客户，不理睬客户会使其不知所措，重新陷入焦虑。可以采用以下说法。

"请您到休息区休息一下，我们会尽快维修您的车，有问题我们会及时通知您。"

"您的车要很长时间才能修好，您可以到休息区等候，那里有电视和报纸。如果您有事可以先去办事，我们可以帮您叫出租车。有问题我们会电话通知您。"

03 第三章 Chapter Three

维修保养作业

一、维修作业的任务

车间技工根据维修委托书的要求，使用专用工具和维修资料，对所有车辆机械装置及车身各部件执行高质量的维修和保养，使车辆恢复出厂的参数，达到质量要求，并告知客户未发现的故障，确保客户满意。

维修作业的主要业务如下图所示。

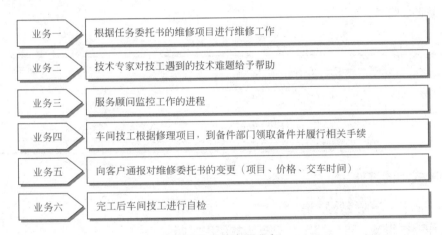

业务一	根据任务委托书的维修项目进行维修工作
业务二	技术专家对技工遇到的技术难题给予帮助
业务三	服务顾问监控工作的进程
业务四	车间技工根据修理项目，到备件部门领取备件并履行相关手续
业务五	向客户通报对维修委托书的变更（项目、价格、交车时间）
业务六	完工后车间技工进行自检

维修作业的主要业务

二、维修作业的实施要求

维修作业的实施要求体现在两个方面，具体如下表所示。

维修作业的实施要求

应努力做到的方面	应尽量避免的方面
（1）严格按照维修委托书的修理项目进行修理 （2）对维修委托书的修改需经过客户的同意 （3）发现维修委托书维修项目与实际不符或发现客户没有发现的问题，及时向服务顾问汇报	（1）车间技工不按维修委托书的内容进行工作 （2）擅自修改维修委托书的内容

续表

应努力做到的方面	应尽量避免的方面
（4）服务顾问对反馈的问题，重新估算价格和时间，及时通知客户并征求客户的意见，得到确认后，更改维修委托书并通知车间技工 （5）车间技工在工作过程中按照维修手册的要求操作 （6）按照要求使用专用工具和检测仪器 （7）使用维修资料进行诊断和工作 （8）维修顾问监控维修进程，将变化及时通知客户 （9）根据维修项目领取备件 （10）主动为客户处理一些小的故障 （11）遵守维修委托书上和客户约定的内容 （12）爱护客户的财产，工作中使用保护装置 （13）遵守安全生产的有关规定 （14）遇到技术难题向技术专家求助 （15）确认所有工作完成后，进行严格自检 （16）完成维修委托书的维修报告等内容并签字	（3）发现问题不报告 （4）不按照维修手册的要求进行操作 （5）不使用专用工具和检测仪器 （6）诊断和工作时不使用维修资料 （7）服务顾问不了解生产进程 （8）不爱护客户财产，不使用保护装置 （9）遇到困难不向有关人员求助 （10）车间技工完工后不进行自检 （11）车间技工不写维修报告，不签字

三、维修作业的安排

1. 维修作业的方式

维修作业有两种方式，具体如下表所示。

维修作业的方式

序号	方式	具体说明
1	传统方式	维修接待员接待了一个客户，然后填写了维修单，即维修委托书，最后传给车间的调度去分派工作
2	团队方式	团队式的工作方式是指维修接待员自己带领一组维修技工，他可以直接分配工作。当他发现需要额外维修时，会及时通知客户，就维修服务和价格征得客户的同意后，才开展这项工作

2. 妥善安排的好处

妥善安排对客户的好处如下。
① 工作安排得当，可以缩短客户车辆的停用时间。
② 能够确保车辆按承诺的时间修好并交车。
妥善安排对公司的好处如下。
① 安排得当，可以改进公司的劳动生产力和效率。
② 可以提高公司资源的利用率。

四、跟踪维修服务进程

1. 随时记录

汽车客服人员随手准备一个笔记本，记下维修车辆的维修动态和出现的意外情况，因为可能要同时管理几辆在修车辆，光凭记忆可能造成遗漏。

2. 随时与车间保持联系

维修委托书签订以后，及时将相关的资料转交给各部门的负责人，并保持联系，了解车辆维修的最新进展。随时向相关人员解释对维修委托书的疑问并向相关人员转达客户新的要求或客户的有关答复意见。

3. 使用维修进度管理看板

一旦与客户签订维修委托书，就应该将客户车辆的维修计划反映到维修进度管理看板上，内容包括主修技工、预计的完工时间，据此跟踪维修进度并将维修过程中发生的意外情况反映到该看板上。

比如，发现新问题等待客户回复、等待备件、在修、完工待检、检验合格等待结算等。

五、车间维修进度监控

1. 每一次进入维修车间时都要沟通

当维修接待员有机会进入到维修车间的时候，都必须去看一看车辆维修到什么程度了；然后再与技工沟通一下，看看到底还有什么问题，是不是能够正点完成工作任务；与调度沟通一下，是不是还可以承受加进来的维修任务等。这些都是和车间沟通的内容。

如果客户告诉我们要维修什么，也填写了维修委托书，但是客户对这个维修又有特别说明的时候，必须直接与车间调度或者车间主管、技工去沟通。比如客户说："你修完这个以后，顺带帮我紧一紧螺栓。"这些都是客户的特殊要求，这时必须与技工沟通一下。因为有时候，这些小工作如果不做的话，就会很大程度上影响客户的满意度。

2. 必须进行沟通的两个时间段

刚才说过，如果有机会进入到车间，就要看一看车辆的维修状况及进度。如果你很忙，没有机会进入车间的话，有两个时间段也是一定要进去看的。那就是上午11:00和下午2:00～3:00的时间。为什么这样说呢？

（1）上午11:00的时候车辆维修情况比较明朗　因为这个时候，早上进来维修的车辆，有些已经基本上修好了，有些可能在等待零件，这时候零件到没到，情况也已经明朗了。所以11:00进去的时候，基本上可以知道大概的情况。

（2）可以给客户最新的信息　在上午11:00的时候进车间了解情况，还可使你能够提前有所准备。

比如，与客户约定下午5:00取车，但是往往他在中午12:00吃饭的时间就会打电话来问车修得怎么样了。这时候，如果没有事先准备的话，就只能对客户说请他等一等，我去问一问，这样就不能及时地提供最新的信息给客户，所以建议你在11:00的时候进车间看一看，这样12:00或者下午1:00客户打电话来的时候，就可以马上回答他的问题，客户就会觉得你非常关心他的车。

（3）可以将意外情况及时通知给客户　到了下午2:00～3:00点这段时间，必须进车间看的原因是，很多工作都应该完成了，这时候再与车间沟通，就可以知道是不是能够正点交车。如果不能正点交车或者出现意外情况，也可以在这个时候及时通知客户。

第四章 质量检查反馈

一、质量检验的任务

通过质检技术员对维修车辆的检验来保证维修质量达到客户的要求，防止不合格品交付给客户，避免投诉和返工，增加客户的满意度，维护汽车4S店售后服务的信誉并保证交付车辆处于良好状态。

质量检验的主要任务如下图所示。

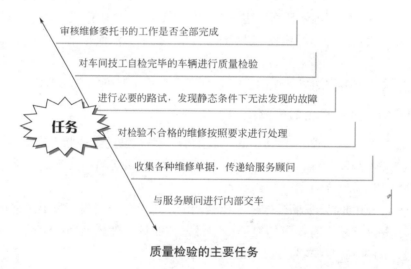

质量检验的主要任务

二、质量检验的要求

质量检验的实施要求体现在两个方面，如下表所示。

质量检验的实施要求

应努力做到的方面	应尽量避免的方面
（1）审核维修委托书，确保所有要求的工作全部完成	（1）维修委托书上有未完成的工作
（2）按照检验规范进行检验	（2）不按规定进行检验
（3）必要时和主修技工一同进行路试	（3）检验不合格的车辆不进行处理

续表

应努力做到的方面	应尽量避免的方面
（4）检验不合格的车辆按照程序进行处理，并及时通知服务顾问 （5）对检验过程中发现的问题，进行评估，告知服务顾问，由服务顾问与客户协商 （6）发现的任何问题都要记录在维修委托书上 （7）使用质量保证卡 （8）确保车辆得到彻底清洁 （9）及时通知服务顾问进行内部交车 （10）向服务顾问说明车辆维修情况和质量状况 （11）告知服务顾问某些零件的剩余使用寿命 （12）任何需维修但未执行的工作都应记录在维修委托书上 （13）将车停放在竣工车停车位	（4）检验中发现的问题不向服务顾问报告 （5）车辆得不到清洁 （6）没有及时通知服务顾问交车 （7）不向服务顾问解释维修情况和质量状况 （8）需维修但未修理的项目不记录 （9）竣工车辆乱停、乱放

三、质量检查的项目

维修作业结束后，必须进行维修竣工检验，竣工检验合格后再进行一系列交车前的准备工作，主要包括整理旧件、车辆清洁、交车前检查和通知客户取车等。

1. 质量检查

汽车维修质量是维修出来的而非检查出来的，但是质量检查有助于发现维修过程中的失误和验证维修的效果。汽车客服人员要明确以下事项。

① 质量检查是维修服务流程中的关键环节。
② 维修技术员将车辆维修结束后，需由质检员进行检验并填写质量检查记录。
③ 当涉及转向系统、制动系统、传动系统、悬挂系统等行车安全的维修项目和异响类的专项维修项目时，必须交由试车员进行试车并填写试车记录。
④ 车辆在维修作业结束，必须经过质量检验员的检验合格后才是真正竣工。

2. 整理旧件

若在维修委托书上注明客户需要将旧件带走，汽车客服人员应提醒维修技术员将旧件擦拭干净，包装好，放在车上或指定的位置。

3. 车辆清洁

维修车辆经质量检查合格后，应该对车内外进行必要的清洁，以保证车辆交付给客户时维修完好、内外整洁、符合客户要求。

4. 交车前检查

维修车辆的所有维修项目结束并经过检验合格之后，汽车客服人员应进行交车前检查。交车前检查的内容如下图所示。

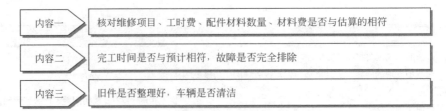

交车前检查的内容

四、质量检查实施规范

汽车客服人员要控制维修质量,主要包括维修三级检查,才能完成质量检查工作,具体如下表所示。

三级检查

序号	检查级别	检查内容
1	一级检查	（1）查看客户要求的各项服务是否完成,认真细致检查维修工作是否存在问题。如果发现还存在问题,须及时解决 （2）若有问题且影响到客户的维修项目及费用或交车时间,必须及时反馈给汽车客服人员,以便及时向顾客汇报 （3）对于大修车辆,维修技术员须同车间主管或质检员进行过程检验,检测发动机主要装配数据的测量,并填写相关内容 （4）自检合格之后在维修合同上签字确认,把检查完成事项填入管理进度看板,与下一步质检人员进行车辆交接,将工单、更换的配件、钥匙等交于该质检员
2	二级检查	（1）对所完成的各个维修项目进行复检确认,更换配件的确认等,确保做到无漏项、无错项 （2）对"接车登记表"上客户反馈的问题进行确认,做到检查有结果,调整有记录 （3）重要修理、安全性能方面的修理、返修等应优先检验,认真细致,确保维修质量 （4）对车辆进行运转试车,确认维修项目无"四漏"现象发生,确保维修项目符合技术规范 （5）转向系统、制动系统、总成部件的维修,将注意事项在维修合同上醒目注明 （6）当发现有问题时,必须及时采取相应措施进行纠正 （7）质检结果须反馈给维修技术员,总结维修经验教训,为以后的维修作业提供借鉴,以提高维修技术员的技术水平,避免再次出现同样的问题 （8）检验合格后,在维修合同上签名,并与车间主管或质检人员进行工作交接
3	三级检查	（1）依据维修合同上的项目进行逐项验收,并核实有无漏项 （2）对轮胎螺栓的紧固进行抽查 （3）检查维修部位有无"四漏"现象 （4）对于有关安全方面的维修项目,车间主管、质检员必须进行路试检测 （5）依据"接车登记表"的记录,对车辆进行有无维修过程中人为损坏的检查 （6）检验维修项目是否符合相关的技术规范 （7）检测不合格项,技术总监或质检员开具"维修作业返修单",交维修班组长重新检查和维修,直至符合技术规范为止 （8）对完工车辆的清洁状况进行检查 （9）做好最终检验记录,并在维修委托书和合同上签字确认 （10）将维修合同、工单和车钥匙交给维修汽车客服人员,交代相关事宜,告知汽车客服人员车辆已修好,可安排交车

第五章 结算交车服务

一、结算/交付的任务

在这个环节中,通过结算、交付活动来兑现企业对客户关于质量、价格和时间的承诺,并通过向客户解释维修内容和指出车辆存在的其他问题使客户感受企业专业的服务,增强客户的满意度和忠诚度。

结算/交付的主要业务如下图所示。

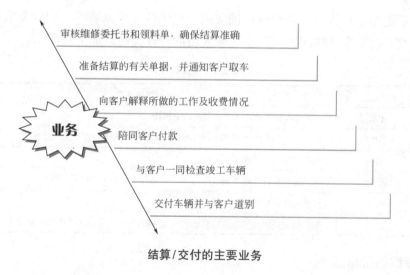

结算/交付的主要业务

二、结算/交付的要求

实施要求体现在两个方面,如下表所示。

实施要求的两个方面

应努力做到的方面	应尽量避免的方面
(1)确保所有进行的工作和备件都列在结算单上	(1)结算时项目不完整
(2)确保结算和向客户的报价一致	(2)结算价格与报价不一致
(3)使用公布的工时和备件价格进行结算	(3)不按公开的价格进行结算

续表

应努力做到的方面	应尽量避免的方面
（4）确保所有客户需要的资料都已准备好 （5）由原接待的服务顾问进行交付 （6）向客户解释完成的工作和发票的内容 （7）陪同或引导客户交款 （8）向客户出示旧件并询问处理意见 （9）提示下次保养的时间或里程 （10）指出额外需要进行的工作，并咨询客户意见 （11）需立即进行的工作，客户如不修理，应在维修委托书上注明并请客户签字 （12）告知客户有些零件的剩余使用寿命（轮胎、刹车片） （13）将所有单据交客户一份副本 （14）取下保护用品，开出门证，送别客户	（4）不由原来的服务顾问进行交付 （5）不和客户检查车辆 （6）没有指出需额外进行的工作 （7）需立即进行修理的项目特别是涉及安全的项目，不做记录并请客户签字 （8）没有送别客户

三、交车前的准备工作

在车辆维修之后，要对车辆的维修情况进行确认，并准备相关的单据，为交付车辆做好充分准备。

1. 内部交车

对维修后的车辆进行确认和检查，确保故障已消除，维修委托书中的要求全部得到满足，预防在交车时发现维修问题。汽车客服人员的检查关键点如下表所示。

汽车客服人员的检查关键点

序号	关键点	具体说明
1	外观	车辆已按标准清洗干净，外观没有损伤
2	维修项目	确认客户要求的所有工作均完成，包括客户提出的一些免费的检查
3	旧件	更换下来的旧件放在规定位置
4	钥匙	从质量检验员处取回钥匙
5	时间	核对是否在约定时间交车
6	记录	质量检验员填写"出店检验记录表"，确认维修工作，完成内部交车记录

2. 核算维修价格

核算维修价格与维修估价是否一致。发现费用问题及时处理，避免在交车时引起客户不满。汽车客服人员主要核对工时和备件两项。

① 确认所有实施的维修工时均列明并与预先告之客户的一致。

② 确认所有维修工作使用的备件均已列明且价格与预先告之客户的一致。

如果前期由于估计错误导致预估价高于实际维修价格，即使客户已签字确认，也必须按照实际维修内容进行更改，保证诚信经营。

3. 打印结算单

在确认维修内容后将结算内容打印成结算单，为客户提供消费明细的说明。汽车客服人员要注意以下事项。

① 确认所有的需要客户付费的项目都已经列在结算单上。
② 客户能明确知道本次维修进行了哪些操作，结果是什么。
③ 确认结算价格与当初的预估价格相符（浮动不大于±10%）。
④ 使用DMS系统打印统一的结算单。
⑤ 不同的业务类别分别打印，对于普通客户只打印客账结算单。
⑥ 打印完成后对结算单内容再进行复核。

4. 准备交车

完成所有交车需要的单据和准备工作：了解了车辆的状态和维修的细节，准备好了交付所需的单据；维修委托书中填写了使用建议并已签名；结算单、定期保养单已签名；保养手册已盖章并填写好了下一次的保养信息。

四、结算、交车的步骤

结算、交车的步骤如下图所示。

结算、交车的步骤

1. 通知客户交车

在完成了交车前的准备工作后，要第一时间通知客户取车。如果客户临时不在店里，应做好通知客户取车的记录，避免遗忘，并更新维修进度管理看板。

2. 说明所做工作和收费明细

向客户说明所做的维修工作，展示工作内容，验证维修效果。
① 如有维修项目，现场向客户进行维修部位的说明，向客户展示维修效果。
② 检查车辆外观、内部和车内物品。
③ 展示所做的增值服务，如洗车、补充了轮胎气压等。
④ 向客户展示更换下来的旧件，主动帮助客户处理不需要带走的旧件。
⑤ 向客户介绍车辆使用注意事项及下一次保养建议。
比如，"您的车刚刚进行了B类保养，需要在15000千米或6个月后做A类保养，主要是更换机油、机滤。建议您最好在7500千米后进行一次中间检查。"

3. 交车确认

对维修工作的费用向客户进行详细说明并得到客户的签字确认。依照维修委托书内容逐项说明实施的每项工作及费用、车辆的技术状况。请客户分别在结算单、定期保养单上签字确认。

4. 陪同结算

陪同客户到收银处结算，交付客户相关收费凭据和车辆钥匙。提醒客户保存好出门条，携带好随身物品。

5. 取下"四件套"

陪同客户到车辆前，帮助客户取下"四件套"，并将取下的四件套收入垃圾筒，体现全程对车辆的保护。再次提醒车辆的下一次保养信息或相关信息。

6. 感谢和送离

帮助客户上车，感谢客户光临，目送客户离开。送离时向客户提供有用的道路参考及提示客户系好安全带等会使客户感觉到你对他的关心。

比如，"您出门后右转在第一个红绿灯调头就可以直接上三环了"。

汽车4S店

汽车4S店全程运作与创新管理

第七部分

客户关系管理

01 第一章 Chapter One

客户信息管理

一、建立客户档案

1. 建档程序

汽车客服人员可以按照下图所示的程序对客户档案信息进行归档。

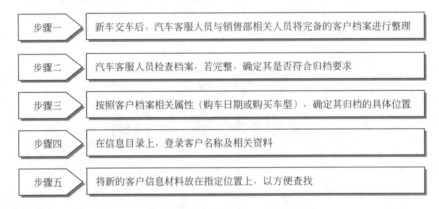

建档程序

2. 立档范围

汽车客服人员要明确客户立档范围,主要是所有已交车的新车客户。

客户档案包括新车车主身份证复印件、驾驶执照的复印件(如有)、车辆合格证复印件、购车发票复印件、购车合同、PDI检查单复印件,如是在本公司上牌的客户,则需上交登记证书复印件、车辆行驶证复印件以及交强险和商业险保单复印件。

二、精准细分客户

汽车客服人员要将客户进行精准的细分。一般来说,可以根据以下四个方面来进行细分。

1. 按消费者特性进行细分

如按客户的性别、年龄、收入、兴趣爱好、消费习惯、个性、观念、兴趣、态度、价值观、支付习惯、大众传播媒体偏好、作息时间等。只有全面了解客户信息，才能根据内部详细的标准对客户进行细分，才能根据具体的客户需求做出符合客户要求的精准的客户营销方案，才能与客户进行充分的互动。

2. 按具体车型进行细分

按具体车型细分是汽车4S店客户分类管理中最普遍也是最好用的一种细分方法，比如北京现代有雅绅特、伊兰特、悦动、名驭、i30、领翔、途胜、ix35八款车型，如果按照车型分类，可相对集中客户的具体特性，便于针对具体车型的车主进行营销活动。

3. 按车主居住地位置进行细分

在一个中心城市，汽车4S店的布局至少要考虑5～10千米的公路圈。客户购买车辆不一定就近，但维修车辆一定会考虑就近维修。一方面省时省力；另一方面也可以降低用车成本和行车风险。这样，维护好就近公路圈的客户就显得尤为重要。将客户按所属区域进行细分，并按区块进行服务营销会事半功倍。

4. 按车辆购买时间进行细分

车辆一般在3000～5000千米可以免费保养，2年或60000千米是质量担保期，在这期间属于基本维修保养时间。现在的新车更新换代特别快，价格也下降得非常明显，客户在3～5年内考虑换车的可能性非常大，车辆流入二手车市场后进入维修厂的可能性较大。所以，按购买时间进行分类可以准确地把握车辆的生命周期，并针对具体时间段采用不同的互动方式。

三、客户档案保管

为保证客户档案的完整和安全，必须对客户档案材料不定期进行更新与维护，彻底清查客户档案的相关内容，主要为客户联系电话及地址，方便以后相关营销活动的组织和开展。

由于客户的情况总是在不断地发生变化，所以对客户的资料也应随之不断地进行调整。通过调整，剔除陈旧的或已经变化的资料，及时补充新的资料，在档案上对客户的变化进行跟踪，使客户管理保持动态性。

下面提供一份客户档案信息跟踪卡的范本，仅供参考。

客户信息跟踪卡

销售服务店代号		销售顾问		信息编号	
车主姓名		公司名称		公司地址	
性别	□男 □女	婚姻状况	□已婚 □未婚	个人月收入	
年龄		职位		车主详细地址	
传真		电话		邮政编码	
爱好		居住面积		E-mail地址	
购车用途	□高级领导者 □经理/负责人使用 □部门用车 □个人业务使用 □休闲/娱乐 □上下班 □显示社会地位 □体现人性 □接送家人				
购此车前您拥有什么车? 请注明车型				您现在拥有的其他车型	
客户类型 (可选项界面,括号内为下拉菜单)	□政府机关/事业单位/研究所 □国有/集体公司 □股份有限公司/上市中资公司 □乡镇/街道公司 □合资公司/外商投资公司 □私营公司 □个人				
提车人姓名		身份证号码		电话	
传真		手机		工作单位	
车辆型号		车辆代码		车辆识别号	
发动机号码		底盘号		生产日期	
合格证号		钥匙号		购车时间	
内部颜色		附加件			
外部颜色		交付时里程		车辆交付时间	
销售代码		牌照号		购车价格	
付款方式	□全付 □按揭	开发票日期		发票编号	
特殊说明					

联系内容	年份 月份	1	2	3	4	5	6	7	8	9	10	11	12	备注
上门拜访(至少三个月一次)	日期													
	完成情况													
车辆行驶时里程														
提交维修、保养备忘录	日期													
	完成情况													

续表

联系内容	月份 年份	1	2	3	4	5	6	7	8	9	10	11	12	备注
年检通知	日期													
	完成情况													
新产品信息发送	日期													
	完成情况													
活动邀请函（请函）	日期													
	完成情况													
节日问候	日期													
	完成情况													
生日贺卡	日期													
	完成情况													
俱乐部活动	日期													
	完成情况													

四、客户资料的保密及外借

汽车客服人员要管理好客户资料，遵守公司对客户档案的管理规定，具体如下。

① 任何人不得擅自将客户档案材料带至公共场合。

② 无关人员不得进入客户档案存放办公室。

③ 严禁将客户档案信息进行拍照。

④ 严禁将客户档案在计算机中上传或下载，如其他部门需调用客户档案电子档，请先申请，并说明需要缘由，交总经理签字认可并留档。

⑤ 如遇需外借客户档案原始资料，则应先到客户服务部门登记，并写明外借原因、借出人、借出资料份数、借出时间、预计归还时间方可借出。归还时同样需登记归还时间、人员。

02 第二章 | Chapter Two

客户回访管理

> 做好客户回访管理是为了及时、准确地掌握客户购买汽车后的情况，提高客户满意度，维护企业信誉。对于汽车4S店来说，进行客户回访的主要方式是电话回访。在此，主要介绍电话回访的相关内容。

一、电话回访的作用及时间

汽车客服人员主要通过电话对客户进行回访，因此，必须掌握电话回访的相关知识。电话回访包括提醒回访、预约服务、满意度回访、潜在客户调研和休眠客户关怀。

1. 回访的作用

电话回访具有如下作用。

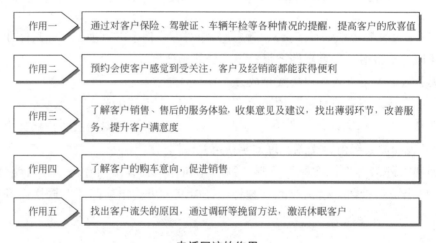

作用一	通过对客户保险、驾驶证、车辆年检等各种情况的提醒，提高客户的欣喜值
作用二	预约会使客户感觉到受关注，客户及经销商都能获得便利
作用三	了解客户销售、售后的服务体验，收集意见及建议，找出薄弱环节，改善服务，提升客户满意度
作用四	了解客户的购车意向，促进销售
作用五	找出客户流失的原因，通过调研等挽留方法，激活休眠客户

电话回访的作用

2. 回访的时间

通常，访问时间的确定以尽量不打扰被访者的生活为原则，因此，在以下几个时间段内尽量避免访问客户。

① 早8:30之前，太早，此时被访问者通常在路上或者刚刚开始上班，不适宜访问。
② 晚7:00之后，太晚，此时被访问者通常在回家路上或者已经在家中。
③ 中午12:00~1:00，吃饭时间，在南方应继续后延1小时，避免打扰被访问者午休。
④ 尽量避免周末访问。

二、电话问卷设计

1. 设计原则

汽车客服人员要做好电话回访，首先要设计一份好的电话问卷。在设计电话问卷时，主要遵循如下原则。

① 主题明确。根据主题，从实际出发，问题目的明确，重点突出，没有可有可无的问题。

② 结构合理、逻辑性强。问题的排列应有一定的逻辑顺序，符合被访者的思维程序。一般是先易后难、先简后繁、先具体后抽象。问卷中的问题之间需要有效地连接或跳转。

③ 通俗易懂。问卷的语言要口语化，符合人们交谈的习惯，避免书面化。问卷中的语气要亲切，符合被访者的理解能力，避免使用专业术语。对敏感性问题采取一定的技巧调查，使问卷具有合理性和可答性，避免主观和暗示，以免影响访问结果。

④ 控制问卷的长度，一个完整的电话回访时间应该控制在5~8分钟。问卷中既不浪费一个问句，也不遗漏一个问句。

⑤ 便于资料的校验、整理和统计。

2. 问卷结构

一份完整的电话问卷，主要由下图所示的五个部分组成。

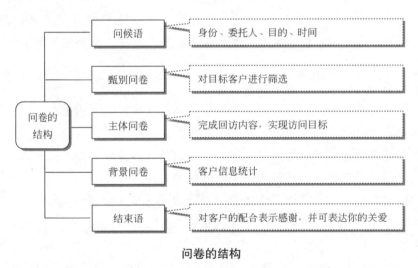

问卷的结构

下面提供两份电话回访问卷的范本，仅供参考。

【范本】

维修回访问卷

客服人员：您好，××（先生/小姐），我是××公司客服人员××，您的爱车于××月××日在我们公司进行了××（插入维修项目），现在是否方便占用您两分钟回访您一下？

① 对于在我们这边检修车辆的经历，总体来说您是否满意？

② 您对我们公司的维修人员的业务水平、服务态度是否满意？

③ 车辆在进行维修之前，客服人员是否将维修内容及费用向您进行了清楚的解释？

④ 维修中心的人员是否在承诺的时间内将您的爱车维修、保养好？

⑤ 交车时车辆是否清洁干净？

⑥ 交车时觉得付费是否物有所值？

⑦ 您在休息期间环境和气氛是否令您满意？

⑧ 结束语。

不满意：很高兴您将意见反馈给我们，我会将您的建议马上反映给相应部门，保证我们会尽全力解决您所抱怨的问题。再见！

满意：感谢您对我们的配合及支持。我们公司的目标是使您非常满意，若有不满，请您与我们的客服中心联系，电话××××××××。再次感谢。再见！

【范本】

销售回访问卷

客服人员：您好，××（先生/小姐），我是××公司客服人员××，您在××月××日在我们公司购买了马自达××，现在是否方便占用您两分钟回访您一下？

① 请问您是车主本人吗？您的联系地址是××？

② 对于您的购买经历，总体来说还满意吗？

③ 在您使用的这段时间，您对您的爱车的总体质量情况是否满意？

④ 您购车的过程中，销售顾问对您是否礼貌？业务水平是否专业？

⑤ 销售顾问是否向您清楚地解释了您的汽车的特性和操作方法？

⑥ 销售顾问是否向您解释了车辆的保修范围和常规保养？

⑦ 对于我们××公司的外观形象和清洁度，总体来说您是否满意？

⑧ 交车时，为您介绍过维修服务专员和客服人员吗？

⑨ 结束语。

不满意：很高兴您将意见反馈给我们，我会将您的建议马上反映给相应部门，保证我们会尽全力解决您所抱怨的问题。再见！

满意：感谢您对我们的配合及支持。我们公司的目标是使您非常满意，若有意见或建议，请您与我们的客服中心联系，电话××××××××。再次感谢。再见！

三、电话销售回访

当向客户交车一个月时，汽车客服人员要对客户车辆的行驶状况、销售顾问贯彻标准销售流程的情况、销售顾问售后回访情况进行回访，听取客户的意见和建议。

另外，汽车客服人员要对后续服务进行回访。

比如，询问客户对本4S店的评价，对产品和服务的建议和意见；特定时期内可进行特色回访（如节日、店庆日、促销活动期）；友情提醒客户续卡或升级为其他消费卡。

1. 回访流程

汽车客服人员要掌握电话销售回访流程，如下图所示。

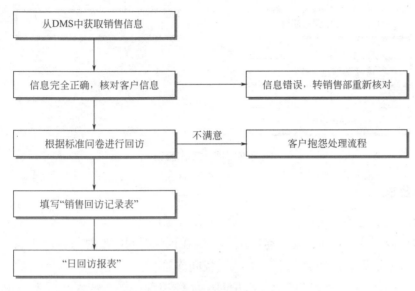

电话销售回访流程

2. 回访要求

① 对待客户要有礼貌、要耐心，如客户暂时没有时间，要与客户预约，并在预约时间内准时与客户联系，进行回访。

② 回访时要引导客户回答，不要单纯地我问你答。

③ 回访表中的每一个问题项都要有记录，根据客户的回答如实填写表中的内容，不能遗漏，如因特殊情况不能填写完整的，要在备注栏中注明原因。

④ 如客户对某一问题项的回答为"不好"或"很不好"，要仔细询问原因，并在不满意原因栏中逐一记录，如有客户投诉，要做好解释安抚工作，并按"汽车服务企业的投诉处理"执行。

⑤ 对客户提出的建议要认真听取，并详细记录在"客户建议"栏中。

⑥ 回访结束后应感谢客户对本次回访工作的配合，并提醒客户准时首保。

四、电话维修回访

电话维修回访是指客户车辆在汽车服务企业维修保养完成，并在车主使用后的三天内，汽车客服人员与客户联系，了解车辆维修保养后的使用情况。

1. 回访流程

电话维修回访工作流程如下图所示。

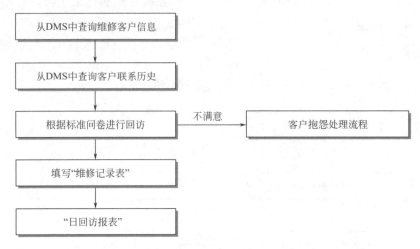

电话维修回访工作流程

2. 操作要求

① 对待客户要礼貌、耐心。

② 如客户暂时没有时间，要与客户预约，并在预约时间内准时与客户联系，进行回访。

③ 回访时要引导客户回答，不要单纯地我问你答。

④ 回访表中的每一个问题项都要有记录，不能遗漏。如有特殊情况不能填写完整的，要在备注栏中注明原因。

⑤ 根据客户的回答如实填写表中的内容。

⑥ 如客户对某一问题项的回答为"不好"或"很不好"，要仔细询问原因，并在不满意原因栏中逐一记录。

⑦ 如有客户投诉，要做好解释安抚工作，并按"汽车服务企业的投诉处理"执行。

⑧ 对客户提出的建议要认真听取，并详细记录在"客户建议"栏中。

⑨ 回访结束后应感谢客户对本次回访工作的配合。

五、电话回访注意事项

汽车客服人员在电话回访时要注意下图所示的事项。

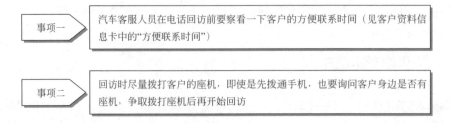

| 事项三 | 打电话时发音要自然、友善 |

| 事项四 | 讲话不要太快，一方面给没有准备的客户时间和机会回忆细节；另一方面避免用户觉得你很忙 |

| 事项五 | 不要打断客户的讲话，记下用户的评语（批评、表扬） |

| 事项六 | 如果在回访时遇到客户有抱怨，不要找借口搪塞或急于解释，告诉客户你已记下他的意见，并让客户相信我们会尽快帮助他解决问题或给予答复 |

| 事项七 | 尽快回复客户 |

电话回访注意事项

03 第三章 Chapter Three

客户满意度管理

一、客户满意的表现

客户满意指的是客户通过对一种产品或服务的可感知的效果与他的期望值相比较后所形成的一种失望或愉悦的感觉状态。客户满意就是客户期望与真实体验之间的关系，如下图所示。

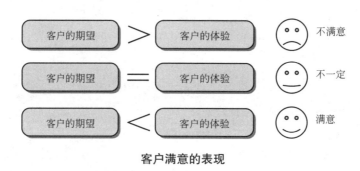

客户满意的表现

二、客户满意度调查

对于客户满意度调查，包括聘请专业公司调查的外界调查和公司内部调查，如三日回访等。调查方式有电话、邮件、信件、街头拦截、访问等。

下面提供一份客户满意度调查表的范本，仅供参考。

【范本】--

客户满意度问卷调查

顾客姓名：____　　手机号码：_____　　销售顾问：_____

尊敬的顾客：

您好！感谢您信任我们并选择在我店购车。为使我们的服务更加完善，能够提供给您更加优质的服务,提高用户满意度,请您在百忙中协助我们做好此份《客户满意度问卷调查》。

问卷内容如下。

1.当您来店时,销售顾问能在第一时间接待您。
□较差　　　　　□一般　　　　　□满意　　　　　□非常满意

2.销售顾问能随身携带名片,在您进店时,能进行简短的自我介绍,并请教您的称呼。
□较差　　　　　□一般　　　　　□满意　　　　　□非常满意

3.销售顾问在给您介绍产品时,能准确自如地为您提供各种车型的配备、性能和所有技术参数。
□较差　　　　　□一般　　　　　□满意　　　　　□非常满意

4.在您遇到疑问时,销售顾问能及时、主动趋前询问。
□较差　　　　　□一般　　　　　□满意　　　　　□非常满意

5.销售顾问请您坐下洽谈时,能第一时间为您奉上可供选择的免费饮料。
□较差　　　　　□一般　　　　　□满意　　　　　□非常满意

6.当您想了解某种信息时,销售顾问能为您提供整套的产品资料。
□较差　　　　　□一般　　　　　□满意　　　　　□非常满意

7.在您离开展厅时,销售顾问能主动送您到展厅门外。
□较差　　　　　□一般　　　　　□满意　　　　　□非常满意

8.在您给店里打来电话时,能听到销售顾问通报自己特约店名称及自己的姓名。
□较差　　　　　□一般　　　　　□满意　　　　　□非常满意

9.在您不清楚路线的情况下,能给予您明确的指引,并在电话结束时感谢您的来电。
□较差　　　　　□一般　　　　　□满意　　　　　□非常满意

10.在您签约成交时,销售顾问为您解释过各项费用,使您对所交付的费用能清楚了解。
□较差　　　　　□一般　　　　　□满意　　　　　□非常满意

11.在与您签订购车合同时,对交车的时间向您确认,并对可能延误的情况予以说明。
□较差　　　　　□一般　　　　　□满意　　　　　□非常满意

12.通知您提车时,能清楚地告诉您所要准备的手续及各种付款方式的提示。
□较差　　　　　□一般　　　　　□满意　　　　　□非常满意

13.若您在店内办理"一条龙"服务,销售顾问能尽量给您安排合适的时间,并向您说明所需时间及此项流程。
□较差　　　　　□一般　　　　　□满意　　　　　□非常满意

14.在销售顾问向您交车时,您对新车的清洁程度是否满意?
□较差　　　　　□一般　　　　　□满意　　　　　□非常满意

15.销售顾问能清晰明了地向您讲解车辆各功能的操作办法,逐一为您做了演示,并请您亲自操作。
□较差　　　　　□一般　　　　　□满意　　　　　□非常满意

16.在与您合影留念时,为您介绍了服务部门负责人员,并恭喜您喜购新车。

☐ 较差 ☐ 一般 ☐ 满意 ☐ 非常满意

17. 对您首次保养的服务项目及里程数能够重点提示，并清楚地为您加以解释。

☐ 较差 ☐ 一般 ☐ 满意 ☐ 非常满意

18. 销售顾问利用《保修手册》，向您说明了保修内容和保修范围。

☐ 较差 ☐ 一般 ☐ 满意 ☐ 非常满意

19. 当您的新车一旦发生故障，销售顾问对您所需准备的有关手续和联系方法的提示。

☐ 较差 ☐ 一般 ☐ 满意 ☐ 非常满意

20. 在为您交车时，与您逐一核对过所定购的选装件、备胎、千斤顶、随车工具。

☐ 较差 ☐ 一般 ☐ 满意 ☐ 非常满意

21. 销售顾问与您确认可接受的售后跟踪和联系方式，并简要告知您跟踪内容。

☐ 较差 ☐ 一般 ☐ 满意 ☐ 非常满意

22. 从看车、定车到购车，您对于我们销售顾问为您提供的整个销售过程的服务是否满意？并请您在10分制内给予打分。

☐ 较差 ☐ 一般 ☐ 满意 ☐ 非常满意

（　　　　　）分

如方便，请您为我们提出一些具体意见或建议：_____

_____

_____

此份问卷对提高我们的服务质量起着至关重要的作用，为了表示谢意，我们将赠送您一份有××标志的精美小礼品！

三、销售服务满意度评价

1. 评价内容

销售服务满意度评价包括电话咨询、渠道建设、售点的知名度等多个环节。具体评价内容如下表所示。

销售服务满意度评价内容

序号	评价内容	具体说明
1	电话咨询的满意度	电话接听及时性，接听人员的态度、专业性
2	渠道的满意度	渠道数量、到达的方便性、路途指示的明确性
3	售点的知名度	售点的无提示下认知
4	对销售人员的满意度	销售顾问的态度、专业性、着装、联系的紧密程度、信息传递的及时性等
5	对销售现场的满意度	现场设施的齐全性、真车展示的效果、产品介绍资料的全面性、各种指示标志等
6	销售过程的满意度	有没有现车、试乘试驾、交车的时间、办理各种手续、保险的效率

2. 评价细节

销售服务满意度评价具体细节如下表所示。

销售服务满意度评价细节

序号	类别	细节	备注
1	电话咨询	电话接听速度	
		电话应答态度	
		电话咨询的专业知识	
		问题解决效果	
		电话挂断的表现	
2	销售现场接触	交通便利性	
		标志显著性	
		店内环境	
		样车齐全性	
		资料齐全有序	
		……	
3	决定购买	统一着装仪表整洁	
		汽车技术知识专业性	
		迎接送别	
		诚实可信	
		服务态度	
		……	
4	办理购车手续	承诺时间内交车	
		交车时车况	
		使用知识介绍	
		保养知识介绍	
		……	
5	客户回访	客户回访的流程	
		客户回访的效果	
		……	

四、维修服务满意度评价

1. 评价内容

维修服务满意度评价包括现场维修、热线电话、外出救援、配件供应方便性、配件价格等。具体评价内容包括下表所示的内容。

维修服务满意度评价内容

序号	评价内容	具体说明
1	预约	客户预约的便利性、服务站主动提醒服务
2	接待	礼貌友好、等候时间短、接待人员的专业水平、维修中能及时与客户沟通、客户维修记录完整
3	维修质量	故障诊断准确、维修质量好、交车时车况整洁
4	接待现场的环境	现场布置的舒适性、标志指示的清楚性
5	维修收费	修理费用事先商定、结算单的维修项目和配件明细清楚、价格表悬挂在接待处的明显位置
6	维修时间	营业时间安排、合理的维修期限、按承诺的时间交付
7	维修后电话回访	包括回复的速度和回访的内容
8	对客户的培训	车辆使用和保养维护知识培训

2. 评价细节

维修服务满意度评价具体细节如下表所示。

维修服务满意度评价细节

序号	类别	细节	备注
1	电话接听	电话接听速度	
		电话咨询员的专业知识	
		……	
2	服务预约	提供合适的维修保养时间	
		预约到店后的等待时间	
3	维修	维修点营业时间合理	
		维修服务站到达方便性	
		……	
4	服务接待	解释将要进行的服务项目	
		说明估算费用	
		……	
5	接待环境	客户等候区的干净程度	
		客户等候区的舒适度	
		……	
6	维修质量	服务店的技术力量	
		维修人员的专业性	
		……	
7	救援服务	救援及时性	
		……	
8	维修时间	在承诺时间内准时交车	
		合理的维修期限	
		……	
9	服务收费	配件价格合理性	
		工时费合理性	
		……	

相关链接

汽车4S店如何提高客户满意度

汽车4S店的客户满意度是提升销售的有效法宝，也是品牌影响力、企业文化最有力度的宣传，如何提高汽车4S店客户满意度？应从以下几个方面抓好。

一、态度要到位

消费者选择到汽车4S店买车，首先看重的是产品。产品包括"产品的质量以及产品的服务"。对客户来说，所谓的产品质量就是汽车4S店不应该为了利润，以高额价格出售不符合实际价值的产品给客户，并且对产品的缺点有所隐瞒，不够坦诚。

此外，如果涉及产品售后的质量问题，必须是服务承诺到位，不能善变翻脸，发生问题时态度端正且诚恳，千万不能因为"客户已经给钱了"，便不再重视客户的问题。

二、流程上要到位

主要是交车、提车的问题。一般来说，销售顾问都会为了达成和客户的交易尽可能答应满足客户的提车时间，事实上，大多数汽车4S店不能做到承诺到位。但是作为客户来说，非常在乎汽车4S店交车时间是否准确，哪怕是相差几天，也不能和承诺中相差太远，而且在客户一再催促的情况下，尽可能真诚面对客户，不要以不知情的态度面对客户。

三、技术要到位

技术主要是售后维修检测的问题。例如在产品发生问题时，很多汽车4S店派出的技工不能一次真正找到故障原因。甚至很多次修复也不能解决问题，必须要求客户多次回到汽车4S店进行修理，这就大大降低了消费者对汽车4S店的满意程度。

四、其他相关服务

最重要的是保险。大多数汽车4S店都有相关合作的保险公司，在客户投保时，汽车4S店的销售顾问都会给客户一个美好的承诺，但是，发生事故的时候，经常会出现"汽车4S店推保险公司，保险公司推汽车4S店，车主夹在中间左右不是人"的状态，这种劣质服务最致命。

此外，有几点需要值得加强的地方。第一是在接车的时候，有些服务人员对相关的工作和解释表现缺失，导致有些咨询不能很好解决。第二是休息区的问题，一般的汽车4S店都设置了休息区，但是休息区水准参差不齐，甚至有些休息区的功能都是摆放的功能，有计算机但不能上网，有计算机但不能用，有数据不能看。还有就是交车的时候沟通会有问题，比如关于费用解释不够详尽，不够主动，价格不够透明。

汽车4S店客户满意度的提升主要是从两大方面抓好，即从车和人两个大方向去抓，只有做好了客户服务，才会带来更有效的销售。

汽车4S店

汽车4S店全程运作与创新管理

第八部分

风险防范管理

第一章 法律风险管理

01 Chapter One

> 汽车4S店作为专业的汽车销售机构，其业务经营中将与厂家、客户、金融机构、政府机构、媒体、同业竞争者和本店员工等不同法律主体之间进行业务交流，汽车4S店的法律风险主要围绕与这几个不同法律主体展开。

一、来自汽车厂家方面的法律风险

在之前市场供不应求之时，汽车4S店对汽车厂家唯命是从，当汽车市场出现供大于求时，厂家和汽车4S店顿时成了患难兄弟。无论哪种情况，汽车4S店与厂家之间的关系都是因为市场供求关系所引起的。在这个供求关系网里，汽车4S店与汽车厂家之间的法律风险主要体现在下图所示的几个方面。

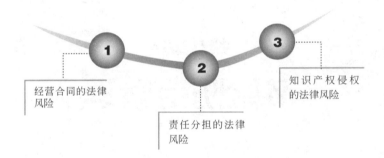

汽车4S店与厂家之间的法律风险

1. 经营合同的法律风险

2. 责任分担的法律风险

3. 知识产权侵权的法律风险

1. 经营合同的法律风险

汽车4S店从事汽车厂家的某一品牌销售服务前，会经过严格的考核，在考核通过后将签订《××品牌汽车特许授权经营合同》，因此，与厂家的法律风险主要就是围绕该合同履行产生的。具体体现在下图所示的两个方面。

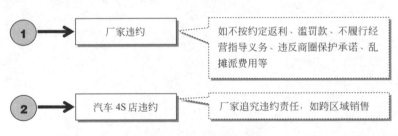

经营合同的主要法律风险

1. 厂家违约：如不按约定返利、滥罚款、不履行经营指导义务、违反商圈保护承诺、乱摊派费用等

2. 汽车4S店违约：厂家追究违约责任，如跨区域销售

2. 责任分担的法律风险

当汽车4S店与消费者发生法律纠纷时，消费者一般会直接找汽车4S店要求承担相应责任。在查明原因和事实后，若属于汽车质量问题或厂家制定的销售政策原因导致的纠纷，汽车4S店都会主动要求厂家予以承担该损失，而厂家很有可能推脱说是汽车4S店责任导致，由此酝酿成法律风险。

3. 知识产权侵权的法律风险

汽车4S店因销售或使用厂家的产品、宣传资料等，会有被第三方认为构成知识产权侵权的法律风险。在目前发生的汽车知识产权纠纷案件中，很多第三方都是将汽车4S店和厂家一并作为被告要求承担责任，此类纠纷虽然最终责任主体都是厂家，状告汽车4S店主要是为了实现管辖利益，但必须承认此类诉讼的发生，必定对汽车4S店造成一定影响和损失，而且并不能完全排除汽车4S店承担连带责任的可能。

二、来自客户方面的法律风险

对于汽车4S店来说，客户就是"上帝"。但是在与客户打交道的过程中，因种种原因，难免不会产生纠纷，承担一定的法律风险。汽车4S店与客户之间的法律风险体现在下图所示的几个方面。

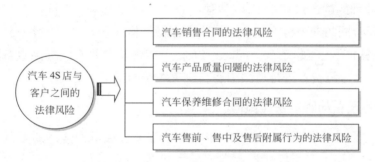

汽车4S店与客户之间的法律风险

1. 汽车销售合同的法律风险

汽车4S店最主要的职能就是从事汽车销售，因此其主要法律风险也是来自于此，包括客户认为汽车4S店未能全面履行汽车销售合同导致的法律风险，其主要表现如下图所示。

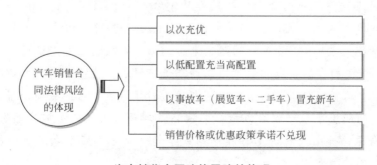

汽车销售合同法律风险的体现

（1）合同条款缺失严重　一些合同除了客户信息外，关于车型、交车时间等只有三言两语，既不说清责任，也没有违约责任条款，更没有诸如质量、交付及验收方式、保险、上牌、修理、争议解决方式等一系列约定，极不利于合同履行。一些合同甚至是阴阳合同，商家在一些事宜上明显不同，如白联（买方）只有车辆的指导价，黄联（卖方）上才有当初谈好的价格。

（2）违约责任不对等　一些合同只规定了消费者的义务，如若到期不提车，汽车4S店不还现金。可如果汽车4S店无法履约怎么罚，却没有写出来。"请需方在接到提车短信通知后三个工作日内付款，否则供方有权调配该车辆，并没收定金。"又如"本协议生效后，如因非乙方（经销商）原因造成不能完全履行订购单内容，乙方对甲方（订购人）不负有赔偿责任。"类似条款中，经营者不仅免除自身违约责任，同时也将应当由经营者承担的经营风险转嫁到消费者身上，加重消费者责任。

（3）强制代办服务　如由于本公司不得跨区域销售，故上牌、保险必须在本公司办理。或委婉约定，订购本公司车辆，应由本公司特约保险公司承保有关车辆或人员保险，以保障买方售后服务的权益。此类条款通过单方面约定，排除了消费者自由选择的权利，不符合法律规定中的"消费者享有自主选择商品或者服务的权利"。

（4）趁乱规避责任　如遇销售高峰期，一些汽车4S店在购车合同上趁乱做手脚，规避自身责任，盖发票专用章（此章不据法律效力），或者催促消费者签字按印，一些消费者甚至连看都没看就签字，事后如遇纠纷，也追悔莫及。

针对上述种种问题，汽车4S店应加强巡查、严格规范销售合同。一方面做好汽车销售服务格式条款合同的专项检查工作；另一方面做好格式条款合同备案，逐一评析，力求在汽车销售的各环节无问题条款。同时，汽车4S店管理者要不断提高自身的法律意识和自律意识，正确引导消费者进行理性消费，避免纠纷的产生。

2. 汽车产品质量问题的法律风险

汽车产品质量纠纷最近几年层出不穷，特别是涉及成员安全的质量纠纷，更是汽车4S店主要面临的类型：安全气囊不起爆或异常起爆、汽车自燃、汽车车身断裂、汽车轮胎爆胎、汽车电子系统失灵、ABS失灵、汽车室内空气污染等，这些专业甚至是非常不可思议的纠纷，时常困扰汽车4S店。

2015年3月，长治市壶关县某消费者，在长治市某汽贸城4S店购买某品牌汽车一辆，价值109800元，驾驶十几日后，该车出现防侧滑故障灯无故亮起的现象。一个多月后，该消费者前往4S店对车辆进行保养，把问题反映给4S店，该店进行了第一次维修。过了几天，防侧滑故障灯又出现无故亮起现象，随后4S店又进行了维修，这种情况共计维修10余次，保留修理记录5次，且车辆问题仍未得到彻底解决。消费者认为，该问题完全是由于车辆质量不过关引发的，遂向长治市工商局进行投诉，希望工商人员协助维权。

接到投诉后，消费维权工作人员马上对事件进行了调查，仔细查看消费者所签订的协议及相关凭证，组织当事人双方达成和解：该4S店对消费者所购车辆问题进行彻底解决，一切修理费用全免，并向消费者支付各种损失赔偿5000元，修车期间交通费用补贴1265元。消费者对调解的结果表示满意。

3. 汽车保养维修合同的法律风险

根据有关调查，现在汽车保养维修纠纷是消费者投诉较多的类型。诚然，确有部分汽车4S店采用故意欺瞒的方式获取暴利，但更多的是由于缺乏相关的维修规范、价格标准导致的争议纠纷，从而发生法律风险。

4. 汽车售前、售中及售后附属行为的法律风险

汽车售前、售中及售后附属行为的法律风险表现如下图所示。

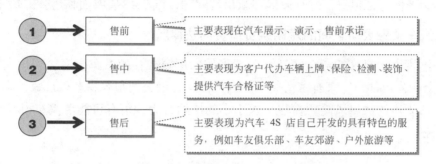

汽车售前、售中及售后附属行为的法律风险

这些售前、售中、售后的附属行为，都有可能造成对汽车4S店不利影响的法律风险，也存在对客户造成不利影响的法律风险。

三、来自金融机构方面的法律风险

汽车4S店在运作中，免不了要和金融机构打交道，交道多了自然风险就增加了。一般来说，汽车4S店与金融机构之间的法律风险主要如下图所示。

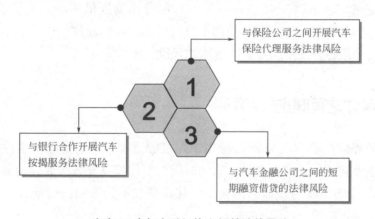

汽车4S店与金融机构之间的法律风险

1. 与保险公司之间开展汽车保险代理服务法律风险

为了争抢汽车保险的优质客户，各个保险公司或在汽车4S店直接设置办理点，或发展汽车4S店为其保险代理人，从事汽车保险销售代理业务，在发生保险事故后，更是授权汽车4S店代为其进行现场查勘或损失定损。

汽车保险市场是汽车后市场中最为重要的一个市场，也是汽车消费者投诉意见最大的一个消费环节，汽车4S店在面临自己的客户以及合作伙伴——保险公司产生纠纷时，很有可能形成两头受气、两边都成被告的窘境。

2. 与银行合作开展汽车按揭服务法律风险

各个银行为了获得汽车金融按揭业务，一般都会与厂家和各个汽车4S店合作，共同开展汽车按揭。虽然，相关法律风险主要由客户承担，但是在与银行合作过程中，如果要求汽车4S店提供保证担保，一旦按揭还款出现问题，汽车4S店将面临还款的法律风险。

3. 与汽车金融公司之间的短期融资借贷的法律风险

汽车4S店碍于自己的资金短缺，一般采用向厂家推荐的汽车金融公司短期融资，由于该汽车金融公司都与厂家有密切关系，因此汽车金融公司很容易获得厂家的合作，共同防范汽车4S店违约法律风险。往往一次小小的违约行为，很有可能使汽车4S店承担巨额的违约责任。

四、与分销商之间的法律风险

汽车4S店的销售渠道主要有两种：展厅终端销售和网点销售。展厅终端销售是汽车销售最主要渠道，通常占总销售量的70%～80%网点销售大概占比例20%。汽车4S店与网点谈好条件之后，确立合作关系，网点必须给汽车4S店支付一定金额的保证金，以保证车辆的安全，这种保证金通常为10万～50万元不等，主要看车的价格和放车的数量。网点交了保证金，便可免费拿到货源展示摆放，之后，就进入终端销售。当汽车销售出去之后，网点必须到汽车4S店支付车款并开具发票上牌。

汽车销路好的时候，汽车4S店往往不愿意给分销商提供车辆，于是矛盾就产生了，容易发生纠纷，产生法律风险；汽车销路不好的时候，分销商往往货比三家，谁家价低就在谁家拿车，这样又容易发生纠纷，产生法律风险。

五、与媒体之间的法律风险

对于现在的媒体监督，汽车4S店应当予以足够重视，特别是敏感事件报道，如当前热销车辆强制搭售问题，更应当主动、第一时间与媒体建立充分沟通，挽回不利影响。而实际上，很多汽车4S店在与媒体的沟通上，往往是在不利影响已经形成且难以挽回的情况下，才被迫与媒体沟通。

六、与同行之间的法律风险

汽车4S店的同行可以分为两种，即同品牌的汽车4S店和同地域不同品牌汽车4S店。与同行者的法律风险，主要表现在恶意竞争上，例如低价销售，不同地区窜货，恶意诋毁竞争者的商誉，恶意招聘同行员工，窃取同行的商业秘密等。这种法律风险往往经常发生，而且是对业务造成影响最大的法律风险。

七、来自企业员工方面的法律风险

任何企业都不可能摆脱劳资纠纷的困扰，尤其是竞争激烈的汽车销售行业更是如此。人工成本已经成为汽车4S店运营成本所占比例很大的一块，由于汽车销售行业已经属于微利行业，目前绝大多数都采用底薪加提成制计发销售顾问的工资，但是有些企业往往少发、不发应当支付的提成工资，因此酝酿成劳动仲裁、诉讼风险。同时，由于相对其他行业而言，汽车销售行业在人员管理上较为粗糙，对于人员的招聘、选用、调动以及解除关系方面没有严格按照法律法规办理，也容易演变成劳动仲裁、诉讼风险。

陈某为某汽车4S店钣金工，月薪3200元，2014年2月入职，未签订劳动合同，任职期间公司采取每周工作6天，每天工作8小时的工作制。2015年1月辞职，然后陈某到当地劳动局申请仲裁，要求没签合同补偿双倍工资及加班工资，庭审中公司承认偶尔有周六工作的情况，但是已经给付加班费。陈某并未就加班事实进行书面举证，只是请证人作证证明周六工作的事实，后经仲裁审理。对于加班费，仲裁判定酌情给予5000元加班费，然后公司上诉至当地法院，法院依然判定酌情给予5000元加班费，后来公司未上诉。

八、来自政府机构方面的法律风险

汽车销售行业是一个多政府部门监管的行业，如工商行政管理部门对汽车4S店是否规范经营进行监管；税务部门对汽车4S店是否依法纳税进行监管；劳动监察部门对是否合法用工进行监管等，稍有不慎，就可能遭到行政管理机构的行政处罚，从而形成法律风险。

汽车4S店对上述问题的解决关键在于从细节入手，规范汽车4S店的法律事务管理，设定科学的法律事务管理流程，使用严密的法律事务管理文件，再加上在岗工作人员的岗位法律培训。只有这样才能真正有效防控法律风险，实现汽车4S店的安全运营。

02 第二章 Chapter Two

税务风险管理

一、赠品促销带来的风险

几乎所有的汽车4S店在顾客买车时，都会随车赠送一些装饰用品，比如防爆膜、真皮座套、地胶板、防盗报警器等，车辆的档次越高，赠品价值也越高。

1. 风险表现

不少汽车4S店在使用赠品促销这一手段后，并没有对赠品支出进行正确的税务处理。税收风险主要体现在下图所示的四个方面。

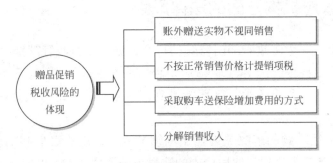

赠品促销税收风险的体现

（1）账外赠送实物不视同销售　即相当一部分汽车4S店在对赠品进行账务处理时，仅将其结转入主营业务成本或计入销售费用，未对相应的增值税销项税金进行计提，造成国家税款流失。汽车4S店销售低档系列小汽车，为促销随车赠送礼品，所赠物品的采购资金、实物去向均是体外循环，在账面上没有任何痕迹，只有在银行对账单、购进专用发票清单等中才能发现端倪。

（2）不按正常销售价格计提销项税　以低于正常市场价格销售汽车，差价部分作为给客户购置赠品的费用，不按正常销售价格计提销项税。有的汽车4S店在销售运营中，当发现部分客户对购车赠送的物品不感兴趣时，就从价格上让出客户购置物品的费用，使得所售汽车价格明显低于同期、同类产品市场正常销售价，降低了税基。

（3）采取购车送保险增加费用的方式　部分汽车4S店通过在"管理费用"中列支应由客户负担的车辆保险费，而保险费的名称却是个人的名字。不符合发票管理办法的有关规定,不能税前扣除这部分费用。

(4) 分解销售收入　将售车款分解为两部分,一部分价款开具机动车销售统一发票,一部分价款开具收据,开票价格少于实际价格,从而隐匿收入,少纳增值税,并导致购车者少缴车辆购置税,或为了留住购车者,让其少缴车辆购置税,部分价款开装饰费;收取进口汽车的配额费用,不按价外费用申报缴纳增值税。

2. 防范措施

针对以上常见的汽车4S店赠送汽车装饰用品或礼品的税收风险问题,可以采用两种防范策略,具体如下。

① 可以把赠送的礼品和汽车捆绑销售。即汽车4S店在与顾客签订汽车销售合同时,应在销售合同分别写清楚销售的汽车价款(不能低于市场最低价)、GPS定位系统、音响设备、坐垫等装饰用品的数量以及各自的价格,然后按照总和价格开汽车销售统一发票给购买人。

② 把汽车装饰用品或礼品作为促销费用处理,但要视同销售处理,缴纳增值税。汽车4S店在购买赠品时注意向上游商家索取增值税专用发票,这样在计算该项应纳增值税时,可作进项税额抵扣,有利于减轻税负。

相关链接 ▶▶▶

汽车4S店开票低于最低计税价格遭罚款

某汽车4S店销售奥迪A8(6.0)一辆,实际售价175万元,机动车销售发票开具120万元,缴纳增值税;另在独立核算装饰店开具装饰费55万元,缴纳营业税。

车主按机动车销售发票开具的120万元前往税务机关缴纳车辆购置税,税务机关审核发现低于总局核定的最低计税价格,不采用发票价格计征车辆购置税,按总局核定的最低计税价格计征车辆购置税;同时将相关信息传递税务稽查部门,检查核实后,该汽车4S店将接受以下处理:补缴增值税7.99万元(55÷1.17×0.17),有故意行为,罚款0.5倍以上;补缴造成车主少缴的车辆购置税,同时处少缴车辆购置税税款的1倍以下罚款;装饰店未按规定开具发票,罚款1万元以下。

二、厂家返利带来的风险

近年来,厂家返利已经成为汽车4S店经营业务的特色之一。通俗地讲,厂家返利就是汽车4S店以厂家制定的全国统一销售价格销售后,厂家直接依据销售规模或销售数量定额给予汽车4S店的奖励。厂家返利名目繁多,一般包括实销奖、达标奖、广告费支援、促销费补助、建店补偿等,返回方式既有资金返利,也有实物返利。

1. 风险表现

不管是资金还是实物,按照税法规定,汽车4S店收到厂家返利后,必须按规定缴纳相应的营业税或增值税，而不能将其全部作为利润支配。但不少汽车4S店在这一点上处理不当，有意无意地逃避缴纳税款，税务风险极高。概括起来主要有下图所示的几种风险。

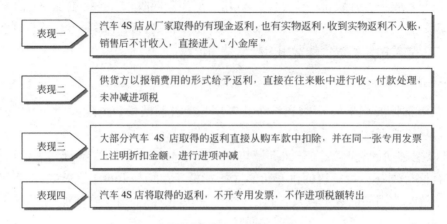

厂家返利带来的风险表现

按照《国家税务总局关于商业企业向货物供应方收取的部分费用征收流转税问题的通知》（国税发[2004]136号）规定，商业企业向供货方收取的与商品销售量、销售额无必然联系，且商业企业向供货方提供一定劳务的收入，例如进场费、广告促销费、上架费、展示费、管理费等，应按营业税的适用税目和税率缴纳营业税。商业企业向供货方收取的与商品销售量、销售额挂钩（如以一定比例、金额、数量计算）的各种返还收入，均应按照平销返利行为的有关规定缴纳增值税。

一般来说，汽车生产厂家为了鼓励汽车4S店多卖汽车，都会将返利与汽车4S店的销售额挂上钩。因此，汽车4S店收取厂家返利属于平销返利行为，必须按规定对增值税进项税额进行转出，缴纳增值税。

增值税一般纳税人因购买货物而从销售方取得的返还资金（或平销返利）一般有下图所示的五种表现形式。

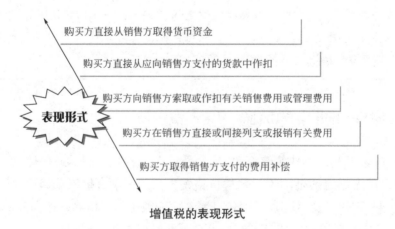

增值税的表现形式

因此，销售额与销售"返利"并未在同一张发票上反映，生产厂家支付给销售企业的"促销费"，即便索取的是符合规定的服务业发票，在企业所得税上也是不承认实际支付的折扣额，也就不能享受在缴纳企业所得税前进行扣除的税收政策了。

2. 风险防范

厂家返利的税收风险问题，主要采用以下策略：在返利总额不变的前提下，汽车4S店可与厂商进行深入协商，提高厂商对于不与销售量和销售额挂钩的促销费补助、广告费支援、建店补偿等返利的金额或比例，相应降低与销量、销售额挂钩的实销奖、利润补贴、达标奖等返利的金额或比例，使更多的返利适用5%的营业税税率，从而降低税收负担。同时，对收到厂价的现金返利要进行进项税额转出。

三、保养美容带来的风险

在汽车销售市场竞争日趋激烈、车价不断降低的情况下，维修保养、装饰美容业务已经成为国内汽车4S店除销售整车业务外最主要的经营业务，并成为汽车4S店重要的利润来源。据调查，在汽车4S店的销售收入中，虽然维修保养服务收入只占总收入的20%，但这20%的收入提供了汽车4S店60%的利润。

由于汽车4S店面对的消费群体中，8成以上是私家车用户，在零配件销售和售后服务业务中只要消费者不主动索要正式发票，汽车4S店一般不主动开具正式发票。因此，维修保养、装饰美容业务已成为汽车4S店税务问题高发区。

1. 风险分析

按照《增值税暂行条例》的相关规定，销售货物或者提供加工、修理、修配劳务以及进口货物的单位和个人，为增值税的纳税人，应当缴纳增值税。因此，汽车4S店向客户提供的汽车维修保养服务，属于增值税应税劳务，应就劳务收入缴纳增值税。

按照《增值税暂行条例实施细则》的相关规定，一项销售行为如果既涉及货物又涉及非增值税应税劳务，视为混合销售行为。从事货物的生产、批发或者零售的企业、企业性单位和个体工商户的混合销售行为，视为销售货物，应当缴纳增值税。因此，汽车4S店在销售行为完成之前为顾客提供的装饰美容服务，须就其收入缴纳增值税。

如果汽车4S店提供的装饰美容服务发生在汽车销售行为完成之后，则视为兼营非增值税应税劳务，按照《营业税暂行条例实施细则》相关规定，纳税人兼营应税行为和货物或者非应税劳务的，应当分别核算应税行为的营业额和货物或者非应税劳务的销售额，就其应税行为营业额缴纳营业税。因此，汽车4S店需就提供汽车装饰美容服务取得的收入缴纳营业税。

2. 防范措施

对于汽车的维修保养及配件销售业务，汽车4S店可以考虑通过新设立一家属于增值税小规模纳税人的汽车维修企业，其业务范围为兼营汽车零部件销售，利用新设企业承接部分汽车维修服务及配件销售业务的方式，实现税收筹划的节税收益。

因为按照《增值税暂行条例实施细则》规定，对于增值税小规模纳税人实行3%的税率，这比增值税一般纳税人17%的税率要低得多。但是在采用此种业务模式的时候，汽车4S店应充分考虑这种操作方式对于所经销的汽车品牌的影响及汽车厂家对经销企业的相关约束性规定，切不可因小失大。

对于汽车装饰美容业务，由于同样一笔收入可能因为提供服务的时间点不同会导致其所适用的税种和税率不同，并必然导致纳税人税收负担的不同，这就为汽车4S店提供了一个可行的税收筹划思路。

根据测算，假设汽车4S店提供汽车装饰美容服务取得的收入为A，所耗用的材料购入成本为B，那么在卖车前提供和卖车后提供服务所产生的不同税款支出的平衡点为$A=1.52B$。即当$A > 1.52B$时，汽车4S店选择在卖车前提供装饰美容服务的收入应该缴纳的增值税，多于在卖车后提供该服务的收入应该缴纳的营业税；反之则反。

因此，汽车4S店在向客户提供装饰美容服务时，可以通过测算服务收入与耗用原材料之间的比例关系来选择合适的服务时间点，从而获得节税收益。

在实际筹划过程中，汽车4S店也可考虑通过新设独立的汽车装饰美容服务企业，承接部分汽车装饰美容业务的方式进行税收筹划。由于汽车装饰美容服务企业提供的装饰美容服务业务按照5%的税率缴纳营业税，因此通过这种操作方式，汽车4S店在一定条件下也可以获得不错的节税收益。

四、代办按揭带来的风险

目前，国内相当一部分汽车4S店都与银行、保险公司或担保公司合作，向客户提供汽车按揭服务业务和其他代办服务业务，购车人在4S店购车可以获得贷款、保险、上牌等"一条龙"服务。当然，购车人必须向汽车4S店交纳一笔不菲的服务费用。根据规定，汽车4S店应该就这些代办服务收入纳税，但实际上很多汽车4S店对于代办服务收入采取不开发票和不入账的方式，逃避纳税义务。

1. 风险分析

按照财政部、国家税务总局《关于营业税若干政策问题的通知》（财税〔2003〕16号）的相关规定，随汽车销售提供的汽车按揭服务和代办服务业务征收增值税，单独提供按揭、代办服务业务，并不销售汽车的，应征收营业税。由于大多数汽车4S店都是在汽车销售中提供贷款、保险、上牌等"一条龙"服务，因此汽车4S店须就随汽车销售提供的汽车按揭服务和代办服务业务收入缴纳增值税。

比如某汽车4S店2014年售出各种型号的汽车近100辆，其中有10%的汽车是通过汽车按揭的方式销售给客户的。在为客户提供按揭服务的过程中，汽车4S店向客户收取相应的手续费、担保费、代理费等各种费用，涉及金额14万元。

2. 防范措施

由于代办服务业务收入基本上不存在进项税额抵扣事项，因此增值税税收负担较重。而按照财税〔2003〕16号文件的规定，单独提供按揭、代办服务业务，并不销售汽车的，应征收营业税。

因此，汽车4S店可以考虑设立专业的服务公司，从事汽车按揭服务和代办服务业务。据了解，在杭州、广州等城市，已经出现了一批专门的汽车按揭服务公司。这些公司由于不从事汽车销售，单独提供上述服务，因此只就相关收入缴纳营业税，税收负担相对较轻。

03 第三章 Chapter Three

销售风险管理

一、销车价格风险控制

为控制商品车售价，保证销车利润，汽车4S店一般会制定销售政策，确定各种车型当期最低限价，以及展厅经理、销售经理、总经理在此基础上的折扣权限。若缺乏管控流程，可能出现的问题如下。

① 销售政策虽然制定，但未清晰审批流程，或者审批流程不严格执行，导致经常出现展厅以总经理限价售车，但只有展厅经理或销售经理签字。

② 销售政策制定后未传递到财务部，财务部只能依据合同价格收款结算，无法对车价执行是否合规进行监管。

③ 销车折扣权限完全下放给总经理，导致总部对下属汽车4S店销售没有足够控制力度。

汽车4S店应针对上述易出现的问题，采取如下图所示的控制措施。

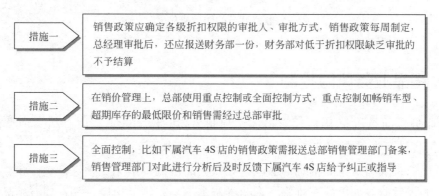

销车价格管控措施

二、收款环节风险控制

禁止业务人员经手客户款项，一般是汽车4S店基本的纪律，但实际操作中也会发生，如周六和周日对公账户无法转账时，或客户要交款时财务部已下班，有时会把钱给销售顾问代交；也有销售顾问主动替客户代垫款的情况，主要原因如下。

① 因为朋友、老客户介绍的客户以及一些二级网点购车时，电话沟通达成意向就先帮客户垫付定金。

② 为了本月及时拿到提成（一般财务部要求收齐全款才能计算提成）而帮客户垫付尾款。

③ 为了信用卡套现，汽车4S店要为此承担手续费用（尽管金额不大），还要承担信用卡套现连带责任的风险。

对业务人员经手客户款项不及时制止的话，极易让业务人员滋生舞弊心理，是销售环节各种舞弊行为的主要源头。

比如某位客户，销售信息为车款30万元，赠送精品1万元，经回访确认，客户实际交款为31万元，其中车款30万元，同时有精品款1万元被销售顾问截留，销售合同是销售顾问一人所填。

对于这种现象，汽车4S店应加强风险控制措施，具体如下图所示。

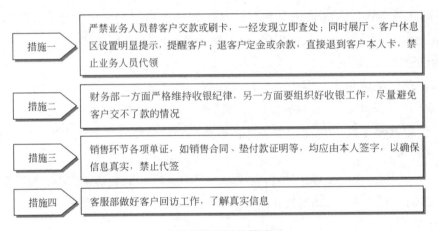

收款环节的防控措施

三、精品业务风险控制

精品业务目前是汽车4S店比重最大、利润最高的延伸业务，由于精品种类繁多，方式灵活，很容易产生舞弊和"飞单"行为，可能出现如下问题。

① 客户购买或赠送精品信息被篡改，导致精品被内部员工私领。

② 一些售后业务如事故车维修、索赔维修本不会有精品出库，却发现有精品出库。

③ "飞单"行为，业务人员将店内客户介绍到外面进行精品加装业务，牟取私利，有时对客户会谎称是汽车4S店设的加装点。

④ 由于客户交款一般既有车款又精品款，而且客户大部分只关心总价款，因此机动车和精品发票各自开具多少受销售顾问的影响较大；若对销售顾问考核方式不当，容易形成销售顾问将车价和精品价互相挪移，多拿提成的情况。

比如，某汽车4S店将销售合同上的精品购买和赠送信息与实际出库信息对比，发现实际出库多出合同上所列不少，部分是销售顾问在利润率高的精品加装单上私自添加，而这些添加的精品没有加装到相应客户车上,而是被销售顾问所拿,也有销售顾问辩解说有些客户要求赠送,但达不到赠送的标准,审批不下来,所以添加的精品送给这些客户了。

针对上述现象,汽车4S店应加强风险控制意识,具体措施如下图所示。

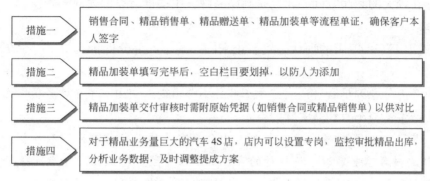

精品销售业务的风险防控措施

四、上牌业务风险控制

上牌费用大致由购置税、车船税、养路费、检验费和汽车4S店自己收取的服务费组成,部分城市有牌照复印费等小额费用,各地标准不一,上牌大部分票据原件交给客户,汽车4S店留存的一般是复印件,而且票据面值小但数量极多,上牌费用的真实性需要监控。

同时,有的汽车4S店是通过中介或外包上牌,给中介和外包服务费用过高,存在回扣风险。

比如,某家汽车4S店每年上牌量在2000台左右,该店上牌员每辆车上牌报销费用是大车300元,小车250元;后来派专人亲自上牌核实,当地上牌标准是大车270元,小车220元,上牌员每辆车报销的单据均夹杂了30元的复印费和停车发票,而实际上此笔费用不存在,属于虚报。

汽车4S店管理人员应熟悉当地上牌规则和费用标准,避免上牌费用虚报;上牌收入也是汽车4S店的利润点之一,因此上牌方式应尽量避免中介和外包。

五、保险、按揭业务风险控制

汽车4S店在与保险公司、按揭机构合作的过程中,通常涉及手续费返利事项,但保险公司、按揭机构返点政策变化比较频繁,种类繁多,若不规范返利方式,公司收益容易被私人侵占,具体控制措施如下图所示。

保险、按揭业务风险控制措施

六、二手车业务风险控制

二手车业务在发达国家汽车市场上已占相当比重，而在国内尚处于起步阶段，其实二手车业务存在较大的利润空间，尤其是高端品牌，主动推行以旧换新等置换活动还可以促进新车的销售。

但目前国内汽车4S店的现状是置换进来的二手车大部分低价卖给了二手车贩，利润流向下一环节，原因主要是汽车4S店面临资金压力，不能容纳过多二手车库存，必须快进快出；也有部分原因是管理层对二手车业务不够重视，交由二手车业务负责人全程包办所有环节，产生了与车贩利益关联的空间。

比如，某汽车4S店财务发现一年内有十余名客户的车款都有同一人参与垫付，后经了解，此人是一名二手车贩；被垫付的客户都有旧车置换，该店二手车业务只有一人负责，二手车负责人未按正规流程操作，无车辆评估和竞价过程，也无置换和处置协议，平时是直接通知二手车贩过来看车并与客户谈好价格，二手车贩谈好价格给客户垫付款并将车提走；这十余辆二手车的利润完全流向二手车贩，汽车4S店无任何收益。

汽车4S店应加强二手车业务的控制措施，比如规范二手车各项环节如业务接洽、车辆评估、协议签订、旧车竞价、处置审批的操作流程，关键环节有其他部门监督；设定二手车利润指标，纳入二手车负责人考核范围。

04 第四章 Chapter Four

经营风险管理

一、常见的经营风险

汽车4S店是一种以"四位一体"为核心的汽车特许经营模式,包括整车销售、售后服务与配件供应信息反馈等。在现今市场经济条件下,影响汽车4S店经营风险主要有下图所示的几个方面。

常见的经营风险

1. 汽车品牌风险

从品牌角度分析,目前国内的汽车4S店有三种状态。

一是弱势品牌。这些汽车4S店最大的软肋是品牌处于劣势,用户群体狭窄,市场做不大,甚至萎缩。发展趋势不是被兼并就是倒闭。

二是大众化品牌。这些汽车4S店的"致命伤"是同区域多家竞争。有的品牌供应商为了多销车,不顾经销商利益,盲目发展营销网络,销售服务能力远远超过当地市场需求量,造成汽车4S店之间的恶性竞争,导致经营利润降低及经营困难,使部分汽车4S店挣扎在盈亏边缘。

三是强势品牌。这些汽车4S店由于经营多年具备了市场基础,即使在整车销售利润下降时,仍可通过规模效益和售后维修以丰补歉。

2. 政策调控风险

信贷政策的调整,带来了汽车4S店贷款门槛提高、财务费用增加、销售利润降低等一系列问题。

据有关统计资料显示,国内中等以上发达城市汽车4S店的固定资产投资一般在1000

万~2000万元，流动资金在1000万元以上，即投资建立一家汽车4S店需要3000万元。在这些资金中，许多经销商自有资金大约只占30%，其余大多靠银行贷款。这种方式在资金宽裕时没有太大问题，但在国家经济宏观调控的背景下，银行资金紧缩，如果销售管理等措施不到位，汽车4S店在资金运作上"借鸡下蛋"的做法就面临着崩盘的危险。

3. 汽车4S店投资风险

汽车经销商获得品牌专卖权的市场是一个卖方市场。品牌供应商要求高、可选择的对象少。尽管要求高、投资风险大、销售品种单一、还要被动接受品牌供应商未来的发展控制等不利因素，但紧俏汽车品牌供应商在一个地区征集经销商的消息仍然一呼百应。

凡被市场看好的品牌还客观存在着上头批条子、下面通路子、送股份、持"干股"等欠规范运作现象。此外，由于汽车4S店对品牌供应商有极为明显的依附性，其经营的优劣，除了自身的努力外，更受品牌供应商的影响，因此，经销商在建汽车4S店之前，只能根据自己的判断，冒着风险投资。

4. 车辆维修风险

在整个汽车销售获利过程中，整车销售和维修服务获利是主要部分，其对汽车4S店的重要性显而易见。但由于我国汽修行业准入门槛低，汽修厂、站、店"遍地开花"，同时汽车厂供应的原厂配件价格高于市场供应的数倍，因此导致客户流向更加难以控制，汽车4S店想靠维修保障利润难度较大。

5. 现金流量风险

为了满足市场需求或是品牌供应商的存货储备要求，现在汽车4S店一般都面临资金流问题，汽车占用备货资金是汽车4S店的首道难题。汽车4S店往往是利用一些短期融资来解决资金筹集。而市场适销程度和品牌供应商商务政策的变化，时刻影响着汽车4S店资金流的速度。资金流转不顺畅、额外利息的支出，都会直接影响汽车4S店经济运行质量。

6. 库存积压风险

一是汽车4S店的存货经济限量风险。有的汽车品牌商过于盲目乐观，或受上级领导的计划性安排，而加大产品安排，造成了产品过剩，致使各汽车4S店年底购入大量库存。二是外部因素造成库存的积压风险。随着新款车的不断涌入市场，汽车产品节能减排的改进等，不适合市场需求的备货严重积压。企业大量流动资金变为沉淀资金。汽车4S店为降低库存风险、盘活存货，只能通过降价促销比拼市场。

二、风险管理的措施

汽车4S店在积极扩展业务的同时，要把风险管理纳入整体的经营管理范畴。通过转变经营方式，增强企业综合竞争力来抵御外部风险，并从思想意识、内部控制、制度建设、实际操作方面入手，努力构建全方位的风险监管长效机制，把汽车4S店的风险管理工作落到实处，具体措施如下图所示。

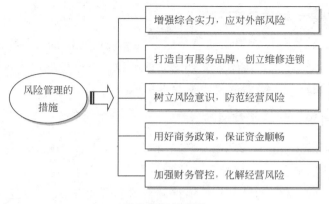

风险管理的措施

1. 增强综合实力,应对外部风险

随着国家对汽车产业规范管理的政策法规陆续出台,汽车经销商面临新一轮洗牌。以品牌代理作支撑,以连锁销售求规模,以个性服务创品牌,应成为现代汽车销售企业抵御外部风险的主要手段。各汽车4S店牢固树立竞争意识、危机意识、增强品牌拓展力度,积极申请一级代理经销商资质,扩大网络建设。

① 充分利用各类汽车销售市场、二手车交易市场及汽车拍卖行等资源渠道,寻求规模发展。

② 重点应做好汽车维修售后服务,使汽车4S店销售服务供应链得到进一步延伸,形成集汽车销售、新旧车置换、车辆养护、维修及检测为一体的大型经销体系,转变经营方式和盈利模式,增强汽车4S店抗风险能力。

2. 打造自有服务品牌,创立维修连锁

当前单个汽车4S店要想突破品牌供应商的限制,打造自己的品牌形象确实很困难。因此必须另辟蹊径,在汽车售后服务方面下功夫,从汽车4S店发展的战略角度考虑,筹建维修保养等的连锁经营体系,以连锁加盟方式建立连锁店。但就整个汽车产业链中的竞争趋势而言,汽车售后服务维修保养是最重要的环节。汽车4S店要练就和拥有强大的竞争能力,就必须建立自有品牌的维修保养等连锁经营体系,以连锁销售求规模的经营方式。

3. 树立风险意识,防范经营风险

汽车4S店应进行全员防范经营风险系列教育,使全体员工充分认识到汽车4S店对顾客的服务是体系化的售前、售中和售后服务,对自己所售的商品应具备相当丰富的专业知识。为此,要把防范经营风险与做好日常工作紧密结合,时刻保持清醒的头脑,深刻意识到自己专业化水平和服务质量好坏,以及个人在经营活动中可能出现的疏忽,造成的经济损失和产生的负面影响,是与汽车4S店的生死存亡息息相关的。

同时,企业要建立防范经营风险激励和约束机制,把防范经营风险列入员工经营业绩考核内容,实行员工防范经营风险和绩效分配挂钩,进一步提高全体员工的防范意识,增强规范运作的自觉性,做到立足本职岗位,着眼企业长远建设。

4. 用好商务政策，保证资金顺畅

汽车4S店为了避免存货滞销及缺货风险，应与品牌供应商加强沟通，把握好品牌供应商的商务政策和信用政策，运用好品牌供应商的授信额度，加快销售和资金周转，做大销售规模，盘活存货资金，降低资金成本及筹资风险。

5. 加强财务管控，化解经营风险

面对品牌供应商苛刻的考核指标，汽车4S店应实行全面预算控制与业绩考核相结合及与薪酬挂钩，科学制定各项指标，将其细分至相关部门，确定销售、成本、工资、费用、利润、资金等各项部门的目标，将销售分解落实到业务员，费用包干至部门，落实到项目，分解经营风险。

如能切实做好汽车4S店经营风险、财务风险、内部控制、网络监控的长效管理，就等于筑牢了汽车4S店的"防火墙"。风险管理就是规避风险，它可以使汽车4S店效益最大化，保障汽车4S店持续、快速、健康发展。